ADBInstitute

亚洲研究丛书

中亚：对接世界主要经济中心

Connecting Central Asia
with Economic Centers

亚洲开发银行研究院 /著

唐 俊 /译

社会科学文献出版社
SOCIAL SCIENCES ACADEMIC PRESS (CHINA)

Asian Development Bank Institute
Connecting Central Asia with Economic Centers
© Asian Development Bank Institute
This edition is an authorized translation from the English language edition originally published as *Connecting Central Asia with Economic Centers* by © Asian Development Bank Institute 2014. All rights reserved. The quality of the Chinese translation and its coherence with the original text is the responsibility of Social Sciences Academic Press (China).

本书根据亚洲开发银行研究院2014年版译出。

本书观点仅代表本书作者个人立场，不一定代表亚洲开发银行（ADB，以下简称"亚行"）、亚洲开发银行研究院（ADBI，以下简称"亚行研究院"），或其董事会，或他们所代表之政府的观点和政策。

亚行和亚行研究院不保证本书数据的准确性，且不承担因使用该数据产生后果的责任。

在此书中指称或引用某个特定版图或地理区域时，或使用"国家"一词时，不代表亚行和亚行研究院意图对该版图或区域的法律地位或其他地位进行任何评判。

亚行鼓励仅出于个人或非商业目的对信息进行印刷或复制，但须注明亚行为信息来源。未经申请并得到亚行书面同意，使用者严禁出于商业目的再出售、再传播，或创作衍生作品。

注：本书中，"$"代表美元。

目录
CONTENTS

专栏、图、表目录	iv
前　言	viii
致　谢	x
研究介绍	xii
词汇缩写表	xiii

概　述	**1**
增长、开放和结构转变	1
贸易扩张与集中度	2
外国直接投资流动	3
金融、机构与其他外部联系	3
政策影响	5

第一章　中亚地区宏观经济概况	**1**
1.1　导言	1
1.2　转型期前后	4
1.3　生产结构转型	10
1.4　小结	13

第二章　中亚与经济中心的贸易联系 15

- 2.1　导论 15
- 2.2　贸易模式 16
- 2.3　能源、初级产品和制成品的贸易 25
- 2.4　贸易伙伴和产品的多元化 29
- 2.5　收益与成本 32
- 2.6　小结 33

第三章　外国直接投资关系 35

- 3.1　导论 35
- 3.2　外国直接投资的模式 35
- 3.3　外国直接投资的经济效应 47
- 3.4　小结 53

第四章　金融、基础设施、机构和其他联系 55

- 4.1　导论 55
- 4.2　金融流动的模式 55
- 4.3　金融包容性 60
- 4.4　基础设施和交通 62
- 4.5　边境之内和贸易便利化 68
- 4.6　移民流动和汇款 69
- 4.7　机构联系与区域合作 72
- 4.8　小结 76

第五章　政策内涵与结论 78

- 5.1　概要 78
- 5.2　政策含义 79

附录1　中亚地区的统计数据 84

附录 2　中亚国家的主要贸易伙伴 …………………………………… 92

附录 3　定量估计：贸易重力模型 …………………………………… 102

参考文献 ……………………………………………………………… 104

关于亚洲开发银行研究院 …………………………………………… 112

专栏、图、表目录

专栏

专栏 1.1　经济结构和转型档案 ·································· 2
专栏 2.1　中亚地区的关税保护 ···································· 16
专栏 2.2　旅游业：潜力与陷阱 ···································· 19
专栏 2.3　吉尔吉斯共和国服装出口 ································ 28
专栏 4.1　哈萨克斯坦金融业的竞争性 ······························ 57
专栏 4.2　乌兹别克斯坦的地区性交通运输枢纽 ······················ 66
专栏 4.3　塔吉克斯坦的劳动移民 ·································· 70
专栏 5.1　石油出口国和非石油出口国的发展重点 ···················· 82

图

图 1.1　中亚地区的收入增长 ······································ 7
图 1.2　收入增长的国际比较 ······································ 8
图 1.3　中亚国家的收入水平（按 2005 年的不变美元转换的
　　　　购买力平价） ·· 8
图 1.4　收入水平的国际比较 ······································ 9
图 1.5　贫困的国际比较 ·· 9
图 2.1　国际贸易（进口＋出口）占 GDP 的比重（年平均） ·········· 17
图 2.2　中亚地区的经济走廊 ······································ 21

图 2.3	中亚地区的距离与双边贸易	22
图 2.4	中亚地区的显性比较优势	25
图 2.5	要素禀赋三角形	26
图 2.6	中亚地区矿物燃料的出口集中度	27
图 2.7	中亚地区的出口目的地的数量	30
图 2.8	贸易伙伴在贸易方向上的分布	31
图 2.9	选定国家的贸易条件	32
图 3.1	美元实际汇率指数（设定 2012 年为 1）	36
图 3.2	2006~2012 年中亚地区的外国直接投资流量	37
图 3.3	2012 年哈萨克斯坦外国直接投资的结构	40
图 3.4	2012 年吉尔吉斯共和国外国直接投资的结构	41
图 3.5	2012 年塔吉克斯坦外国直接投资的结构	42
图 3.6	2012 年土库曼斯坦外国直接投资的结构	43
图 3.7	2012 年乌兹别克斯坦外国直接投资的结构	44
图 3.8	2012 年哈萨克斯坦对外直接投资结构	46
图 3.9	2012 年中亚地区的国民储蓄和投资	49
图 3.10	外国直接投资流入的核心行业	50
图 3.11	2006~2012 年中亚国家外国直接投资的平均回报率	51
图 B4.1	2013~2014 年全球竞争力指数中的哈萨克斯坦和俄罗斯联邦的金融市场发展	58
图 B4.2	纳沃伊枢纽的货运交通	66
图 A2.1	哈萨克斯坦主要的出口和进口	93
图 A2.2	吉尔吉斯共和国：主要的出口和进口	95
图 A2.3	塔吉克斯坦：主要出口和进口	97
图 A2.4	土库曼斯坦：出口和进口	99
图 A2.5	乌兹别克斯坦：主要出口和进口	101

表

表 B1.1	转型中的中亚地区的经济发展	3

表 B1.2	中亚地区的转型指标	4
表 1.1	中亚的宏观经济指标	10
表 1.2	中亚地区的生产结构和国际贸易	11
表 1.3	劳动力、汇款收入和失业	12
表 B2.1	最惠国关税（Most Favored Nation Tariffs）	16
表 2.1	中亚国家国际收支经常账户余额	18
表 2.2	中亚地区的服务贸易	18
表 B2.2	2013 年中亚地区的服务贸易出口	20
表 2.3	中亚地区与经济中心之间的商品贸易	22
表 2.4	中亚地区产品多元化	31
表 2.5	贸易开放度与就业和产出的波动之间的相关性	33
表 3.1	中亚地区外国直接投资的净流量	36
表 3.2	中亚地区的外国直接投资的流入存量	38
表 3.3	哈萨克斯坦向其他国家的直接投资	39
表 3.4	部分中亚国家外国直接投资的基本收入	51
表 3.5	外国直接投资对 GDP 的长期弹性	52
表 3.6	2012 年外资参与的企业的作用指数（占总数的%）	52
表 4.1	2012 年主要的国际金融流动	60
表 4.2	有关出口企业的比重和信贷可获性的调查	61
表 4.3	中亚地区的基础设施质量	62
表 4.4	中亚地区的营商便利指数	69
表 4.5	世界贸易组织现状：中亚国家及其邻国	72
表 B5.1	石油出口国和非石油出口国的发展优先项	82
表 A1.1	数据来源	87
表 A1.2	产品分类和经济体缩写	89
表 A1.3	数据比较：国际来源和国家来源	90
表 A1.4	国家统计和镜像统计中的数据差异	91
表 A2.1	哈萨克斯坦：贸易伙伴，2012（货物进出口总值在 1000 万美元以上的）	92

表 A2.2　吉尔吉斯共和国：贸易伙伴，2012（进出口货物的
　　　　　总值在 1000 万美元以上） ··· 94

表 A2.3　塔吉克斯坦：贸易伙伴，2012（进出口货物总值
　　　　　在 1000 万美元以上的） ·· 96

表 A2.4　土库曼斯坦：贸易伙伴，2012（进出口货物总值
　　　　　在 1000 万美元以上的） ·· 98

表 A2.5　乌兹别克斯坦：贸易伙伴，2012（进出口货物总值
　　　　　在 1000 万美元以上的） ··· 100

表 A3.1　中亚地区的贸易引力估计 ·· 102

前　言

政策界和学界对中亚地区对接主要经济中心这一话题的兴趣正在持续上升。最近几年，在经济增长、突破贸易壁垒、改善基础设施和物流以及生产网络等因素的驱动下，这一兴趣正在与日俱增。中亚地区与主要经济中心的一体化进程在未来几年内有望加速，这将从根本上有助于亚洲和太平洋地区增长的包容性和公平性。

亚洲开发银行研究院（The Asian Development Bank Institute，ADBI）一直以来支持亚洲的经济和社会发展的区域合作与一体化。作为该项工作的一部分，本研究旨在扩大对中亚地区与中国、日本、韩国、俄罗斯联邦、美国以及如东南亚联盟、欧洲联盟这样的国家联盟组织之间的联系的认识。亚洲开发银行研究院的研究者和区域专家一起完成了这个项目。本报告揭示了中亚地区与主要经济中心之间的经济一体化现状，分析了日益增长的贸易与金融关系背后的驱动因素，检验了一体化的收益与成本，提出了促进中亚地区参与区域合作和一体化的政策建议。

本研究发现，在过去 20 多年里，中亚地区与主要经济中心在贸易和投资等方面的联系已经日益增强。采矿业和相关服务行业是资源丰富的经济体（哈萨克斯坦、土库曼斯坦和乌兹别克斯坦）当前经济一体化的关键，而这些行业的工人向国内的汇款为资源贫瘠的经济体（吉尔吉斯共和国和塔吉克斯坦）提供了持续的财政收入来源。尽管中亚地区的核心产业具备比较优势，但向其他经济部门的正向外溢的空间还很大。经济开放、贸易壁垒突破和自由贸易协定会造成跨行业之间的调整，需要政府提供有效的支持。本研究还发现，经济多元化、开拓新兴行业、参与全球生产网络，正在成为中亚与主要经济中心的经济一体化战略中的组成部分。

本研究提出八项政策建议：

（一）必须对内深化改革。

（二）健全的宏观经济政策管理必不可少。

（三）可持续的贸易开放将会逐渐提升市场的比较优势和多元化。

（四）区域贸易一体化可以是世界贸易组织成员规则和多边贸易规则的补充。

（五）外国直接投资推动了中亚能源与自然资源的开发，但对其他行业的正向外溢效应尚未显现。

（六）对跨境土地进行基础设施投资，改善其质量和贸易便利化，将减少中亚内陆经济体的贸易成本，促进贸易增长。

（七）市场经济政策需要保持一致性和可预见性，以支持经济和市场的多样化。

（八）金融包容性和社会安全网有待加强。

我们希望这项研究能够加深我们在中亚和全球经济之间日益增强的联通性方面的认识。

吉野直行（Naoyuki Yoshino）

亚洲开发银行研究院院长，CEO

致　谢

这本最终报告一直以来得到了 Jae–Ha Park（亚洲开发银行研究院副院长）和 Ganeshan Wignaraja（亚洲开发银行研究院研究主任）的全程指导。Yothin Jinjarak（亚洲开发银行研究院研究员）担任本报告的项目主管，Roman Mogilevskii（中央大学高级研究员）担任首席顾问，Richard Pomfret（阿德莱德大学教授）担任顾问。

本报告由亚洲开发银行研究院研究员和顾问组成的团队完成。按照先后顺序，各章节的作者先后是 Roman Mogilevskii，Richard Pomfret，Yothin Jinjarak 和 Ganeshan Wignaraja。Paulo Jose Mutuc，Ny You 和 Umid Abidhadjaev 等人承担了学术助理工作，Yoshi Nakayama，Yasuyo Sugihara 和 Mikiko Tanaka 提供了管理上的帮助。Robert Davis（亚洲开发银行研究院传播专员）和他的团队为报告的出版承担了筹备工作。法律顾问 Grant Stillman 负责处理合同事务。

本报告亦得到了亚洲开发银行、亚洲开发银行研究院的同事们以及外单位专家的支持和技术建议。来自亚洲开发银行和研究院的专家有：Klaus Gerhaeusser（亚洲开发银行中西亚局局长），Vicky C. L. Tan（亚洲开发银行中西亚局地区合作与行动协调处处长），Pradeep Srivastava（亚洲开发银行中西亚局地区合作与行动协调处首席经济学家），Masahiro Kawai（亚洲开发银行研究院前院长），Giovanni Capannelli（亚洲开发银行研究院特聘顾问），Peter Morgan（亚洲开发银行研究院高级研究顾问），Matthias Helble（亚洲开发银行研究院研究员），Victor Pontines（亚洲开发银行研究院研究员），Menaka Arudchelvan（亚洲开发银行研究院研究员项目顾问），Jenny Balboa（亚洲开发银行研究院研究员项目顾问），Xiaoming Pan（亚洲开发银行研究院研究员项目顾问)。

Johannes Linn(新兴市场论坛驻会高级学者,布鲁金斯学会非驻会高级学者)对本报告提出了建设性的评论。在东京、阿斯塔纳、塔什干等地举办的工作坊,专家也提出了有价值的技术建议。

感谢以下专家:Timur Dadabaev(日本筑波大学中亚人文社会科学研究生院国家特别项目副教授)、Mila Kashcheeva(日本对外贸易组织发展中经济体研究所技术创新与经济增长研究团队,跨学科研究中心研究员)、Atsushi Masuda(日本国际合作银行)、Tetsuji Tanaka(日本中亚和高加索研究院副主席、执行主任)和 Tetsuya Yamada(日本国际协力机构东、中亚与高加索局中亚与高加索处处长)。

下列专家为报告的文本输入、制图提供了帮助,并给予了相关的建议:Shokhboz Asadov(塔吉克斯坦中亚大学公共政策与管理研究院)、Ildus Kamilov(乌兹别克斯坦经济研究中心)、Maruert Makhmutova(哈萨克斯坦公共政策研究)和 Kubat Umurzakov(投资圆桌会议,吉尔吉斯共和国 Investment Roundtable, Kyrgyz Republic)。

如需本研究的更多信息,请联系:

Ganeshan Wignaraja(亚洲开发银行研究院研究部主任)E-mail:gwignaraja@ adbi. org

Yothin Jinjarak(亚洲开发银行研究院研究员)E-mail:yjinjarak @ adbi. org

研究介绍

本报告是亚洲开发银行研究院"中亚：对接经济中心"项目的最终成果。研究聚焦于五个中亚经济体：哈萨克斯坦、吉尔吉斯共和国、塔吉克斯坦、土库曼斯坦、乌兹别克斯坦。研究目标包含：(ⅰ)检验20世纪90年代初以来中亚五国在向市场经济转型的过程中与主要经济中心的经济联系的模式；(ⅱ)突出强调面临的挑战；(ⅲ)分析政策的影响。研究涵盖了贸易关系、外国直接投资、金融流动、移民和汇款，以及中亚经济体与亚洲的经济中心国家、欧洲联盟、俄罗斯联邦和美国等主要经济中心的机构之间的合作。

本报告是亚洲开发银行研究院对中亚地区的首次实证研究。在案头研究、数据分析、地区专家的互动以及在东京（2014年3月10日）和阿斯塔纳（2014年5月5日）分别举办的技术工作坊和在塔什干（2014年6月16日）举办的报告会的基础上，它是亚洲开发银行研究院未来对中亚经济发展研究的一项尝试。本报告中还设置了专栏，介绍转型进程、中亚的关税保护、中亚旅游、吉尔吉斯斯坦服装出口、哈萨克斯坦的金融行业、乌兹别克斯坦在地区交通中的枢纽作用、塔吉克斯坦的劳动力转移、石油和非石油出口国的发展重点等相关内容。

本报告的结构如下。第一章介绍中亚地区从1990年到现在横跨20多年的转型过程中的宏观经济概况。第二章考察中亚与经济中心地区之间的贸易联系。第三章分析外国直接投资联系。第四章考察金融、基础设施、移民、机构，以及其他方面的联系。第五章探讨了本研究的主要政策影响。

词汇缩写表

ADB：Asian Development Bank　亚洲开发银行
ADBI：Asian Development Bank Institute　亚洲开发银行研究院
ASEAN：Association of Southeast Asian Nations　东南亚国家联盟（东盟）
BRIC：Brazil, the Russian Federation, India, and the People's Republic of China　金砖国家（巴西、俄罗斯联邦、印度、中华人民共和国）
CAREC：Central Asia Regional Economic Cooperation　（中亚区域经济合作组织）
EU：European Union　欧洲联盟（欧盟）
EurAsEc：Eurasian Economic Community　欧亚经济共同体
FDI：foreign direct investment　外国直接投资
GDP：gross domestic product　国内生产总值
PRC：People's Republic of China　中华人民共和国
SPECA：Special Programme for the Economies of Central Asia　中亚经济特别计划
UN Comtrade：United Nations Commodity Trade Statistics Database　联合国统计署贸易数据库
US：United States　美国
WTO：World Trade Organization　世界贸易组织

概　述

本研究旨在系统分析中亚国家和亚洲的全球经济中心、欧盟、俄罗斯联邦、美国之间的经济关系，包括贸易联系、外国直接投资、金融流动和机构合作。近几年来，受到资源互补、需求状况和区域合作倡议等多方面的驱动，中亚地区与经济中心之间的贸易和投资流动出现了显著增长。全球化的动力和世界经济从 2008～2009 年的经济危机中的复苏，预示着中亚地区和其他地区之间经济关系可能会进一步加强。

中亚和经济中心地区之间的经济关系可能出现的快速扩张，将会带来机遇和政策挑战。在朝着更紧密的经济关系的转型过程中，行业和国家之间的资源转移、劳动力再配置、生产重新定位等方面的调整将会影响特定的国家和行业。交通基础设施、贸易便利、能源安全、移民和金融业的发展等方面的缺口，可能会妨碍这种经济联系的扩展。中亚和经济中心在贸易和外国直接投资等领域还有大量未开发的空间，包括生产网络、技术转让、为未来的市场一体化扫清障碍以及经济合作，这些将会影响到中亚地区实现包容性和可持续性增长的前景。

增长、开放和结构转变

自从 1991 年独立以来，中亚国家经历了向市场经济的痛苦转型，经济大幅下挫，贫困增加。转型使得这些经济体的产业结构剧烈变化，包括制造业的急剧收缩。在转型过程中，所有的国家都设法维持原本相当发达的社会制度，提供普及的初等教育、医疗保健和养老保险。截至 2000 年，这一调整已基本完成，各国开始进入腾飞阶段。在 2000 年到 2012 年之间，中亚地区的增长速度远远超过全球经济，国民收入增加，贫困持续减少。尽管中亚地区的历史和文化较为相似，但各国的经济发展水平和模式不同，表现也存在较大的差异。

进入21世纪后，国际能源、金属和资源的价格的强劲增长成为中亚地区经济增长的一个重要的驱动力。这些资源在中亚地区蕴藏丰富，高价格吸引了大量外国直接投资流入石油和天然气开采行业和交通基础设施建设领域，促进了油气资源丰富的国家（哈萨克斯坦、土库曼斯坦和乌兹别克斯坦）出口的快速增长，而那些油气资源匮乏的国家（吉尔吉斯共和国和塔吉克斯坦）也因为来自于资源丰富的邻国（俄罗斯联邦和哈萨克斯坦）的移民汇款而从资源价格上涨中分到了一杯羹。

20多年的经济剧烈变化（先是消极的，后来是积极的），造成这些经济体的主要结构发生了改变。现今，采矿业和非贸易型服务业成为中亚五国经济增长的核心驱动力和最大的产业，农业作为中亚国家核心经济产业和吸收就业的主力军的重要性已经不如以前，尽管它依然是中亚农村人口重要的生活来源。不过，如果改革能够贯彻，该地区和全球经济的联系将会得到提升，农业依然可以在经济发展驱动方面重新获得一席之地。制造业在这些国家中的发展各不相同，但对于所有国家而言，制造业的作用仅次于油气、采矿和非贸易性服务。

对自然资源出口的重视，已经帮助这些经济体实现对外开放，从许多方面建立了与全球经济的联系，包括商品和服务贸易、外国直接投资、劳动力迁移、移民汇款和官方的发展援助。数据显示，中亚国家的经济表现与其外向型联系的强度呈现出强烈的正相关性。

然而，中亚国家自然资源出口和劳动力的单一性加剧了其对少数几个全球市场的依赖程度，抑制了制造业和其他基础性贸易行业的发展。对于所有中亚国家而言，经济多元化已经成为政策日程中的中心议题。尽管在过去20多年的大部分时间里，中亚国家人均国民收入增加，贫困人口的比例下降，但也需要研究减贫、收入不平等和社会安全网以及经济权利的影响。

贸易扩张与集中度

2000年以来，哈萨克斯坦、土库曼斯坦、乌兹别克斯坦等国的进出口增长在货币和实物两方面都表现出色。但是，所有五个国家的出口都集中在极少数的初级商品上（原油、天然气、石油产品、黑色金属及有色金属、棉花、小麦等)。更先进的制造业产品和服务的出口规模不大,乌兹别克斯坦的汽车出口和吉尔吉斯共和国的旅游服务业除外。中亚的进口主要包括制成品、能源、交通、工程和建筑服务。

从地理上看,出口主要集中在少数几个市场:中国、欧盟、俄罗斯联邦。特别是中国,已经成为中亚地区最主要的进出口伙伴。中亚五国也开始逐步作出调整,将进出口市场扩展到土耳其、伊朗、韩国和其他亚洲伙伴。

中亚如何扩展贸易多元化呢?一方面,无论横向(产品数量)还是纵向(产品质量)均存在着巨大的生产差异,这将会加强其与主要经济中心区在经济发展的高端层面上的联系,扩展中亚地区的目标市场。另一方面,中亚也需要在考虑固定成本的基础上提升生产和出口领域的比较优势,增加石油、天然气和矿产开采等核心行业的有效回报,提高制造业行业的资本密集程度和准入门槛。要确定多元化的最优程度,还需要中亚国家在消费模式、国内市场对出口和进口的影响以及要素比例与比较优势产品的差异等方面更多的数据。

外国直接投资流动

中亚国家在吸收外国直接投资上存在显著的差异。能源丰富的国家出台了优惠的外国投资政策(如哈萨克斯坦和土库曼斯坦),设法吸引相当数量的外国直接投资,在亚洲和世界范围内已进入投资目的地的前列。

外国直接投资进入中亚地区的两大主要动机是追求自然资源(如能源和金属)和进入非贸易行业的新市场(如房地产开发和销售)。许多中亚国家有着大量的国民储蓄,因此他们希望吸引外国直接投资的动机在于从投资者的技术和专业知识中获益。然而,技术转让一直非常有限。

农业和劳动密集型的制造业很难获得投资。中亚参与全球价值链绝大多数局限在提供原材料和劳动力,而承担更为复杂的中端和终端任务的案例很少出现在这一地区。

外国直接投资促进了开采业、非贸易型服务业的扩张以及贸易的增长。这些都是政府财政收入的主要来源。外国直接投资对就业的影响则没那么显著。

金融、机构与其他外部联系

中亚与全球经济在其他方面的联系也很多,包括金融流动、官方发展援助、运输与过境、移民与汇款以及机构联系。

除了贸易和外国直接投资之外，哈萨克斯坦的国家基金的组合投资是另一重要的金融流动，土库曼斯坦也有类似的机构。除哈萨克斯坦之外，中亚其他国家的金融行业并没有很好地融入全球金融市场。中亚地区的金融市场还有待开发，大多数国家的政府干预的味道很浓。

2008~2009年的金融危机暴露了一些中亚国家的金融行业的脆弱性。2009年，哈萨克斯坦的银行业危机使政府预算的作用更加复杂，原本可以用来促进经济增长的资源被迫改变用途。未来，中亚将不得不重视金融行业的相互依存、货币政策、汇率稳定、美元化水平、消费借贷增长以及中小企业授信缺口等问题。

中亚国家都是小型开放经济，需要实施审慎的宏观政策，以提防外部经济的冲击、潜在的货币贬值，以及可能来自主要贸易伙伴和其他出口相似性较高的经济体的竞争性贬值。所有这些都可能对贸易和外国投资的跨境流动产生重要的影响。

官方发展援助是中亚国家在20世纪90年代外汇来源的一个重要的渠道。进入21世纪以后，其重要性有所下降，但在成本昂贵、技术复杂的基础设施项目上仍然具有重要的意义。

中亚国家已在运输路线和能源线路（特别是通过管道）的多样化上作出重大努力，不仅向北加强了与俄罗斯联邦的经济联系，也与中国和其他南方邻居联系紧密。在中亚区域经济合作项目（Central Asia Regional Economic Cooperation，CAREC）的主导下，汽车行业与铁路运输基础设施在整个地区内得到了协调发展。哈萨克斯坦和其他几个国家已经作出重大投资，以期成为连接中亚周边的动态市场的欧亚大陆桥的一部分。

21世纪初，石油行业的繁荣带来了俄罗斯联邦和哈萨克斯坦的工资增长，也为从吉尔吉斯共和国、塔吉克斯坦与乌兹别克斯坦等国迁入的移民创造了就业空间。这样大大缓解了移民输出国的劳动力市场状况，国外汇款也构成了这些国家一些家庭的主要生计来源。在塔吉克斯坦和吉尔吉斯共和国，国外汇款比出口创汇更为重要，在汇款占GDP的比重这一指标上，这两个国家高居世界前两位。毫无疑问，这种状态在短期和中期是积极的，但从长期来看，劳动力输出式的移民意味着熟练工人从这些经济体中流失，增加了社会风险和成本，包括移民糟糕的生活条件、劳动安全问题，以及影响家庭对子女的照料。

区域合作和融入全球贸易体系都是很重要的议题。最近，中亚出现了区域分化（而不是一体化）的趋势。白俄罗斯联邦、哈萨克斯坦和俄罗斯联邦结成关税同盟的新倡议，初衷是在提升俄罗斯联邦与哈萨克斯坦、哈萨克斯坦与其南部邻国的贸易便利化的基础上，创造和转移贸易，引导其他外部经济流入本地区。关税同盟计划到2015年转化成一个欧亚联盟。吉尔吉斯共和国和塔吉克斯坦正在考虑加入这个关税同盟。与此同时，俄罗斯联邦和塔吉克斯坦最近加入了世界贸易组织（WTO），哈萨克斯坦计划不久后也加入。关税同盟的发展前景预示着要对贸易创造和贸易转移作进一步考虑，分析其对进出口现状、生产要素和就业的影响对于成员国、潜在成员国甚至非成员国都至关重要。

政策影响

一国经济多元化，其产品必须在国内、地区和全球市场内具备竞争力。

必须对内深化改革。包括改善治理和经营环境，基础设施的软硬件投资，中、小、微企业的金融支持，更好的教育和健康服务。

健全的宏观经济政策管理必不可少。低通胀率会使国家更具竞争力。这就意味着需要谨慎运用货币政策，更重要的是实施结构性改革，以提高竞争力，减少交易成本；财政政策更加审慎，扩大税基，确保汇率与经济基本面一致，这些政策对于加强中亚经济体的韧性、抵御外部冲击都非常重要。

可持续的贸易开放将会逐渐提升市场的比较优势和多元化。降低关税，实施零关税将有助于各国融入全球贸易体系，对于有志于成为多元化产品的生产者和出口商的国家来说至关重要。世贸组织成员通过提供一个建立在规则之上的多边贸易体系来达到国家层面的对外开放，对大、小国家一视同仁。哈萨克斯坦或许在2014年或者2015年加入世界贸易组织[①]，土库曼斯坦和乌兹别克斯坦与世贸组织成员资格的要求还相距甚远。这些国家正在按照世界贸易组织成员规则的要求，逐步取消一些保护措施，有条不紊地使贸易政策在形式和水平上向世界贸易组织成员标准看齐，相关运作也在系统地进行。自由贸易协定和多边谈判对跨国家、跨行业的结构调整也具有重要的

---

① 哈萨克斯坦于2015年7月27日在瑞士日内瓦正式加入世界贸易组织，成为第162个正式成员。——译者注

意义。在吉尔吉斯共和国，服装出口的恢复与发展，在其预期加入白俄罗斯联邦、哈萨克斯坦和俄罗斯联邦结成的关税同盟之后将会遇到新的挑战，就是一个有说服力的案例。

区域贸易一体化可以是世界贸易组织成员规则和多边贸易规则的补充。区域优惠贸易协定（包括白俄罗斯联邦、哈萨克斯坦和俄罗斯联邦的关税同盟）可能有助于中亚的经济多样化，但其管理上应该谨慎。区域优惠贸易协定的作用与其能够促进签约方之间的贸易便利化、帮助中亚国家扩大在俄罗斯联邦市场之间存在着正相关性，而与他们的贸易转移的程度呈负相关性。关税同盟的未来演变及其净经济效益尚无法确定，需要进一步研究。像吉尔吉斯共和国和塔吉克斯坦这样的非石油出口国在考虑加入这个同盟时，将劳动力迁移、投资谈判能力建设以及执行贸易政策等内容整合进加盟计划中显得尤为重要。

规模大、高质量的外国直接投资为中亚地区创造了机遇。外国直接投资流入，促进了中亚的能源和自然资源的开采，但对于其他行业的正向溢出效应还未显现。发展新的、更先进的产品需要国内投资和外国直接投资。任何政府都会出台吸引外国直接投资的友好政策，但许多政策有一定的自由裁量空间，这意味着在激励外国投资者进入知识密集型或者劳动密集型行业时可能会有所收紧。实际外国直接投资的数量与预期的投资回报率直接相关，这就意味着必须允许投资者赢利，必须完善法律环境，避免非市场风险，降低项目失败的概率。由于技术和专业知识的转移是外国直接投资带来的最重要收益，要对国内工人进行教育和培训从而落实这些收益。同时，向制造业或服务行业转移教育程度更高的劳动力，不应该将那些目前在非正规行业或半自给自足的农业中就业的人群排除在外。

对跨境土地进行基础设施投资，改善其质量和促进贸易便利化，将减少中亚内陆经济体的贸易成本，促进贸易增长。进一步发展交通基础设施，是中亚地区更好地融入全球的一个重要的先决条件。然而，单靠物质上的基础设施远远不够。高额的贸易成本和物流现状导致目前中亚地区的成本和进度难以预测。改善跨境和多式联运的管理、实施符合现行标准和规范的技术和管理、取消会对货运运营方的单边支付构成敲诈勒索的人为障碍，是开发中亚地区运输潜力，摆脱初级产品出口方的地位，是提高该地区融入全球经济的发展前景的先决条件之一。中亚经济体应从该地区的多式联运和物流线路的发展中受益，乌兹别克斯坦的纳沃伊的交通和产业线路就成功证明了这一点。

市场经济政策需要保持一致性和可预见性，以支持经济和市场的多样化。基础设施的硬件和软件必须同步提高，后者需要政府治理和营商环境的完善。交通运输方面的基础设施项目非常昂贵，如果不能兼顾到其他的对外经济政策，这类投资就会发生浪费。欧亚大陆桥和跨区域管道的建设需要区域内的协作，否则这样昂贵的投资项目将会出现"白象"① 结局（white elephants）的风险。如果中亚国家期望参与到全球产业链这一 21 世纪全球经济中最具活力的环节的话，那么他们必须提高经营的可预测性，降低营商难度和国际交易成本，特别是与亚洲制造业中心的交易成本。

金融包容性和社会安全网有待加强。经济开放能够带来福利增进，惠及中亚经济，降低融入全球市场的经济和社会（就业安置）的调整成本。中亚地区的大多数生产商和企业只面向国内市场，这意味着贸易的上升空间很大。然而，中小企业要想获得信贷，就必须提高生产能力，加入生产网络，跨越进军外国市场的沉没成本障碍。针对国内企业的广泛的信贷计划，尤其是对中亚的非出口型企业，必须具备利率低、抵押要求可执行、贷款申请有效率等要素。无论是石油出口国，还是非石油出口国，都受制于贸易多元化的必要程度的问题。一方面，产品在横向（产品的数量）和纵向上（产品质量）的差异化越大，越有利于中亚的企业在更高的发展水平上加强与主要经济中心的贸易关系，拓展目标市场。另一方面，中亚也需要提高生产和出口等领域的比较优势，充分考虑固定成本、石油、天然气、矿产开采和资本密集型的高端制造业的收益递增，以及准入壁垒等因素。多元化对于石油输出国的重要性在于有竞争力的核心行业要实现规模报酬递增需以更低的平均成本；而对于非石油出口国，劳动力市场与国外的经营周期紧密相连，收入依赖于国外汇款。

从这个意义上来说，非石油出口国需要加强他们的社会安全网。以塔吉克斯坦为例，国外汇款成为经济发展和减贫的核心驱动力之一。石油输出的国家也需要完善社会保障制度，谨慎使用石油和大宗商品收入。扩大金融服务的覆盖面，提高金融业竞争力（如哈萨克斯坦正在进行的），以提高中亚经济体的金融包容性。

---

① 白象是源于印度的俚语，比喻因亏损而无人愿意接手的累赘。

第一章

中亚地区宏观经济概况

1.1 导言

本章考察中亚地区的宏观经济发展,重点是从20世纪90年代到21世纪初的经济增长和生产的复苏,包括增长模式、该地区与世界其他地区的经济表现之间的比较、生产结构、宏观经济指标、劳动力市场状况以及商品、服务和外国直接投资的经济开放模式。由于中亚国家的社会和经济数据不完整,有时候前后不一致,使得对这一地区经济的分析比较复杂。为了解决这一问题,本研究会依靠国际和国家组合的数据,一同构造一幅中亚地区发展的充分连贯的、现实的画面。有关数据可用性的具体讨论会放在附录1中。

中亚地区自然资源得天独厚,地理位置独一无二,从而在与其他地区的经济联系中获益良多。然而,要想最大限度地发挥地理和自然资源上的优势,中亚地区必须跨越基础设施、生产技术和海外市场拓展等相关方面的许多障碍,尽可能地扩大地区合作机制,推动本地区的经济发展。

在未来的几十年里,要想从中亚诸国与亚洲、欧洲的互联中获益,了解该地区的整体发展和宏观经济条件显得十分重要。鉴于中亚各国的经济都经历了市场和生产结构方面的恢复和结构性调整,对其增长模式及逐步改变的原因的分析,有助于让我们达成一个中亚地区可持续发展以及与主要经济中心更加深入的一体化的政策战略(专栏1.1)。

专栏1.1　经济结构和转型档案

中亚自从20世纪90年代初从原苏联独立以来，已经走了一段很长的路。其全面成功转型可以用以下一系列指标来衡量。

进出口贸易的自由化。贸易开放要求消除进出口数量和行政管理上的限制，包括出口关税、政府和国有贸易公司直接参与出口、非农货物和服务的非统一关税。

经常项目可兑换。资本的自由流动可以划分为完全流动（完全符合国际货币基金组织协议条款的第八条）或限制流动（对经常项目的支付和转移的限制）。

对直接投资流入的管制。这种管制的目的是影响外国投资和技术转让，包括对外国所有权和/或者最低资本要求的控制。有些情况下，除了军工产品和军事设备之外，对外国直接投资可能没有任何限制。

利率自由化。这是资本市场独立运作的必要条件。可以是完全的利率自由化（银行可以自由设置存贷款利率），也可以是事实上有限制的利率自由化（对银行设定存贷款利率没有法律上的限制，但限制定向信贷、信贷工具落后、货币流动性过高或者信贷市场过度扭曲）；抑或是法理有限的利率自由化（通过法律、法令，或中央银行法规限制银行设定利率的自由）。

汇率制度。可用的选项包括货币局制度、钉住汇率、有波幅的固定汇率、爬行钉住汇率、爬行波幅钉住汇率、管理浮动汇率和完全浮动汇率。

工资调整。根据企业的实力进行限令或者课以重税，调节平均工资，或者保持工资递增。

土地可交易。土地买卖可以分为完全可交易（对土地权的交易无超出行政管理要求之外的实质性限制，在内资和外资之间没有歧视）；除外国人之外的完全可交易；事实上的有限可交易（对土地交易的实质性的限制，例如，土地权利可执行性的限制，一个不存在的土地市场，或政府官员明显阻挠）；法理上的有限可交易（对土地权利交易的法律限制）；或者不可交易（禁止土地交易）。

资本充足率。银行业的宏观审慎政策要求资本充足率，也就是银行法定资本占风险加权资本的比率。法定资本包括实收资本、留存以及一些形式的次级债。

存款保险制度。一种保护储蓄和为银行系统提供安全网的措施，可分为全额保险（所有银行都被纳入正式的存款保险计划）或部分保险（有些存款可以豁免）。

私营养老基金。利用私人养老基金，有助于促进家庭储蓄，有利于长期投资和发展。

表 B1.1 显示了这些转型发展指标在五个中亚国家的绩效水平。可以看出，尽管进程不一，但中亚经济体在迈向市场经济的过程中已经取得了显著的进步。

表 B1.1 转型中的中亚地区的经济发展

转型中的经济发展指标		哈萨克斯坦	吉尔吉斯共和国	塔吉克斯坦	土库曼斯坦	乌兹别克斯坦
自由化和私营化	经常项目可兑换	完全	完全	完全	限制的	事实有限的
	对直接投资流入的管制	是	否	否	否	是
	利率自由化	完全	完全	完全	法理上受限	法理上受限
	汇率制度	爬行钉住美元汇率	管理浮动汇率	管理浮动汇率	固定汇率	爬行钉住汇率
	工资调整	否	否	否	是	是
	土地可交易	除外国人之外的完全	除外国人之外的完全	事实有限的	法理上受限	法理上受限
金融部门	资本充足率	12%	12%	12%	10%	10%
	存款保险制度	是	是	是	否	否
	私营养老基金	是	是	否	否	否

来源：EBRD Transition Development Snapshots（http：//www.ebrd.com/pages/research/economics/data/macro.shtml）。

中亚各国显然在追求不同的经济发展道路。吉尔吉斯共和国已经实施了大规模的私有化。然而，乌兹别克斯坦的价格自由化仍有较大的改进空间。缺乏竞争政策的跟进是中亚国家经济转型的一个共同点。

表 B1.2 中亚地区的转型指标

国家	转型	1991	1995	2005	2012
哈萨克斯坦	大规模的私有化	1.0	2.0	3.0	3.0
	小规模的私有化	1.0	3.0	4.0	4.0
	政府和企业再造	1.0	1.0	2.0	2.0
	价格自由化	1.0	4.0	4.0	3.7
	贸易和外汇体制	1.0	3.0	3.7	3.7
	竞争政策	1.0	2.0	2.0	2.0
吉尔吉斯共和国	大规模的私有化	1.0	3.0	3.7	3.7
	小规模的私有化	1.0	4.0	4.0	4.0
	政府和企业再造	1.0	2.0	2.0	2.0
	价格自由化	1.0	4.3	4.3	4.3
	贸易和外汇体制	1.0	4.0	4.3	4.3
	竞争政策	1.0	2.0	2.0	2.0
塔吉克斯坦	大规模的私有化	1.0	2.0	2.3	2.3
	小规模的私有化	1.0	2.0	4.0	4.0
	政府和企业再造	1.0	1.0	1.7	2.0
	价格自由化	1.0	3.3	3.7	4.0
	贸易和外汇体制	1.0	2.0	3.3	3.3
	竞争政策	1.0	2.0	1.7	1.7
土库曼斯坦	大规模的私有化	1.0	1.0	1.0	1.0
	小规模的私有化	1.0	1.7	2.0	2.3
	政府和企业再造	1.0	1.0	1.0	1.0
	价格自由化	1.0	2.7	2.7	3.0
	贸易和外汇体制	1.0	1.0	1.0	2.3
	竞争政策	1.0	1.0	1.0	1.0
乌兹别克斯坦	大规模的私有化	1.0	2.7	2.7	2.7
	小规模的私有化	1.0	3.0	3.0	3.3
	政府和企业再造	1.0	2.0	1.7	1.7
	价格自由化	1.0	3.7	2.7	2.7
	贸易和外汇体制	1.0	2.0	2.0	1.7
	竞争政策	1.0	2.0	1.7	1.7

注：指标从1（比起中央计划经济没有变化）到4+（工业化市场经济标准）。
来源：EBRD Transition Indicators (http://www.ebrd.com/pages/research/economics/data/macro.shtml)。

1.2 转型期前后

增长模式

中亚地区20年的转型见证了几次经济发展结构的重大调整。苏联解体以后，中亚经济体经历了一个令人沮丧的时期，直到 20 世纪 90 年代末才迎来一个令人注目的复苏。在 1997～2012 年间，中亚所有国家的国内生产总值（GDP）增长显著（图 1.1A）。根据世界发展指标，从 1997 年到 2012 年间，土库曼斯坦的 GDP 平均年增长率为 7.4%，塔吉克斯坦为 7.2%，哈萨克斯坦为 6.7%，乌兹别克斯坦为 6.5%。这种恢复势头一直保持到现在（ADB，2013a：134-153）。

了解近年来中亚地区增长表现的前因后果非常重要。总的来说，这五个国家可以分为石油、天然气出口国（哈萨克斯坦、土库曼斯坦和乌兹别克斯坦）与非石油出口国（吉尔吉斯共和国和塔吉克斯坦）。

石油和天然气行业（包括石油化工）的价格高、投资多，已经成为哈萨克斯坦、土库曼斯坦、乌兹别克斯坦主要的增长驱动力。更具体地说，哈萨克斯坦的增长表现是由石油和天然气的投资、良好的宏观经济管理、基础设施投资以及食品加工、机械、炼油、化工等行业的经济多元化所拉动的。土库曼斯坦的经济表现的基础是天然气出口和纺织业的外国直接投资，乌兹别克斯坦的经济从矿业、制造业和服务业中稳步发展。

吉尔吉斯共和国的经济表现很大程度上归功于移民工人汇款支持下的矿产（金）和服务（特别是转口贸易和旅游）。对于塔吉克斯坦来说，农业、汇款和外国援助提供了增长的基础。移民工人汇款在中亚地区发挥了巨大的作用：汇款在吉尔吉斯共和国和塔吉克斯坦的 GDP 中的占比是全世界最高的。尽管取得了经济恢复，非石油出口国的收入水平仍低于石油出口国，乌兹别克斯坦除外（图 1.1B 和图 1.1C）。

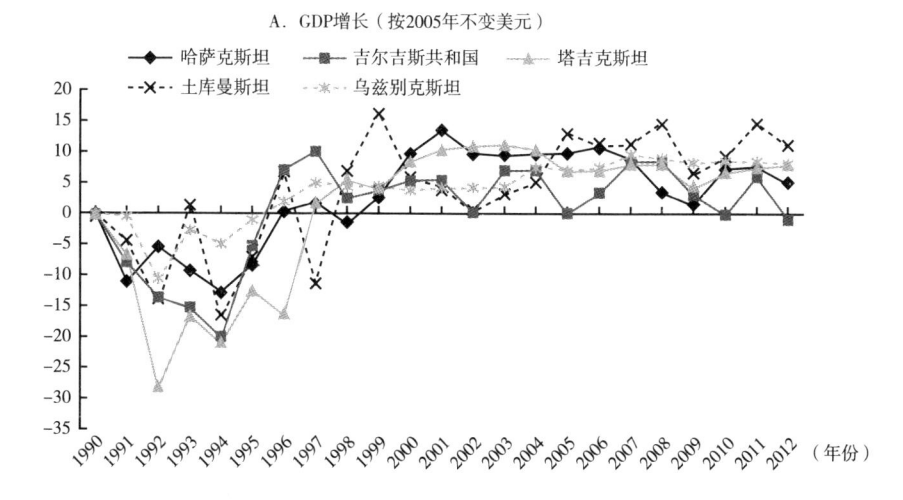

A. GDP增长（按2005年不变美元）

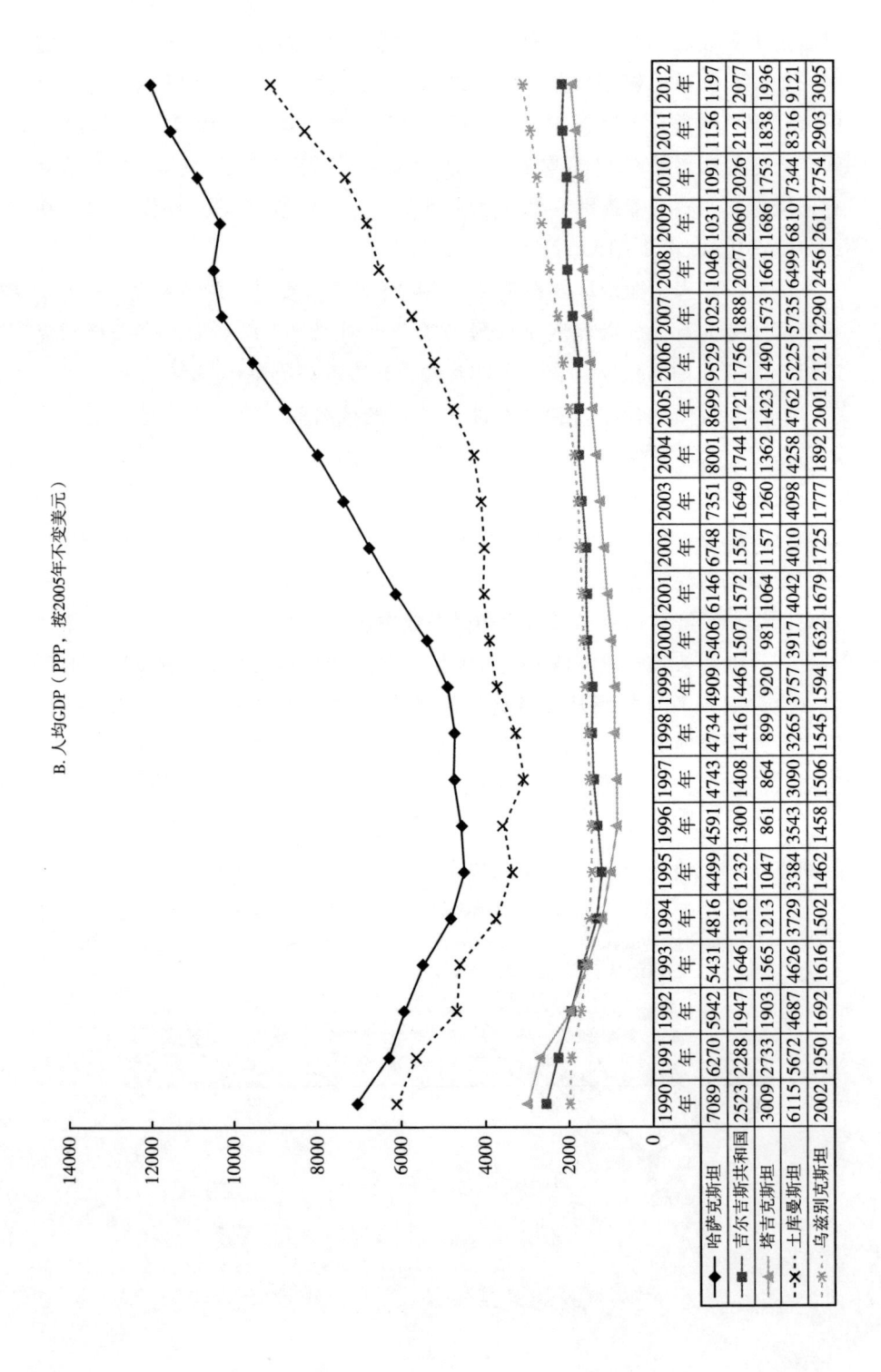

B. 人均GDP（PPP，按2005年不变美元）

	1990年	1991年	1992年	1993年	1994年	1995年	1996年	1997年	1998年	1999年	2000年	2001年	2002年	2003年	2004年	2005年	2006年	2007年	2008年	2009年	2010年	2011年	2012年
哈萨克斯坦	7089	6270	5942	5431	4816	4499	4591	4743	4734	4909	5406	6146	6748	7351	8001	8699	9529	10025	10046	10031	10091	11156	11197
吉尔吉斯共和国	2523	2288	1947	1646	1316	1232	1300	1408	1416	1446	1507	1572	1557	1649	1744	1721	1756	1888	2027	2060	2026	2121	2077
塔吉克斯坦	3009	2733	1903	1565	1213	1047	861	864	899	920	981	1064	1157	1260	1362	1423	1490	1573	1661	1686	1753	1838	1936
土库曼斯坦	6115	5672	4687	4626	3729	3384	3543	3090	3265	3757	3917	4042	4010	4098	4258	4762	5225	5735	6499	6810	7344	8316	9121
乌兹别克斯坦	2002	1950	1692	1616	1502	1462	1458	1506	1545	1594	1632	1679	1725	1777	1892	2001	2121	2290	2456	2611	2754	2903	3095

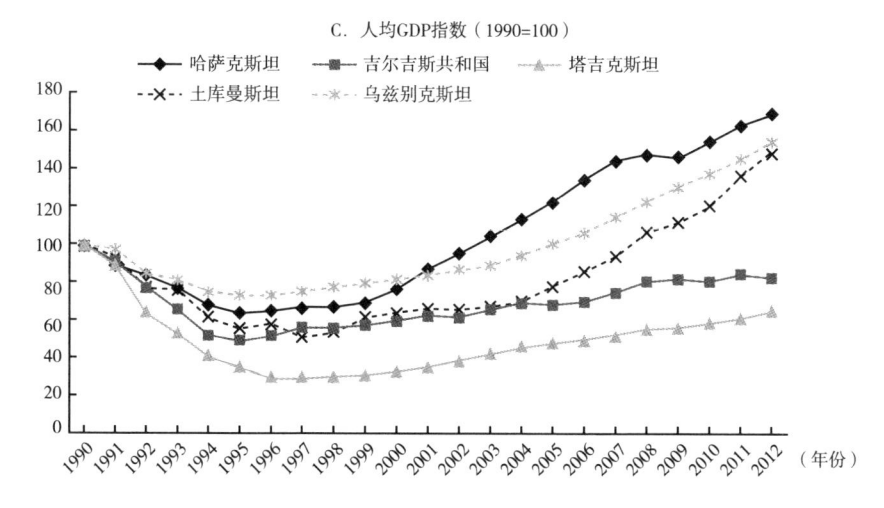

C. 人均GDP指数（1990=100）

图 1.1　中亚地区的收入增长

来源：作者根据世界发展指标计算。

经济表现的国际比较

全球化影响中亚地区的经济开放度，对该地区与世界其他地区的比较评估显得至关重要。中亚地区在过去的 20 年里表现良好。在 1990 年到 2000 年之间，中亚地区的 GDP 增长低于全球平均水平，而在 2001 年到 2010 年期间，则要高于全球平均水平（图 1.2）。哈萨克斯坦和土库曼斯坦的人均收入按照购买力平价（purchasing power parity，PPP）计算已上升到 10000 美元左右（图 1.3）。然而，中亚地区的经济表现的差异非常明显。吉尔吉斯共和国、塔吉克斯坦和乌兹别克斯坦等国的当前人均 GDP 水平比独立前没有太大的改善，2010 年按照购买力平价计算仍然在 5000 美元以下。因此，哈萨克斯坦和土库曼斯坦被列为下中等收入国家（lower - middle - income country），乌兹别克斯坦仍然留在低收入国家集团内，尽管未来几年内有望进入下中等收入国家行列。

根据中亚国家的横截面数据，它们的经济表现都遵循类似的均值回归模式，如 1990 年的人均 GDP 对数与 2010 年的人均 GDP 对数之间的关系就能体现出来（图 1.4）。过去 20 年来，哈萨克斯坦和土库曼斯坦的增长明显超过国际平均水平，而吉尔吉斯共和国、塔吉克斯坦、乌兹别克斯坦的经济表现在中等收入偏下国家和中等收入国家行列中则乏善可陈（图 1.5）。以国

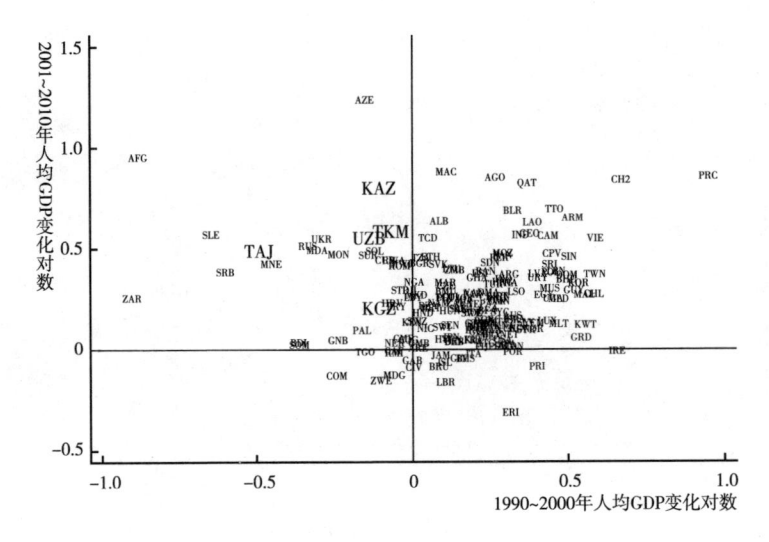

图 1.2　收入增长的国际比较

来源：作者根据 Penn World Tables 8.0 计算。

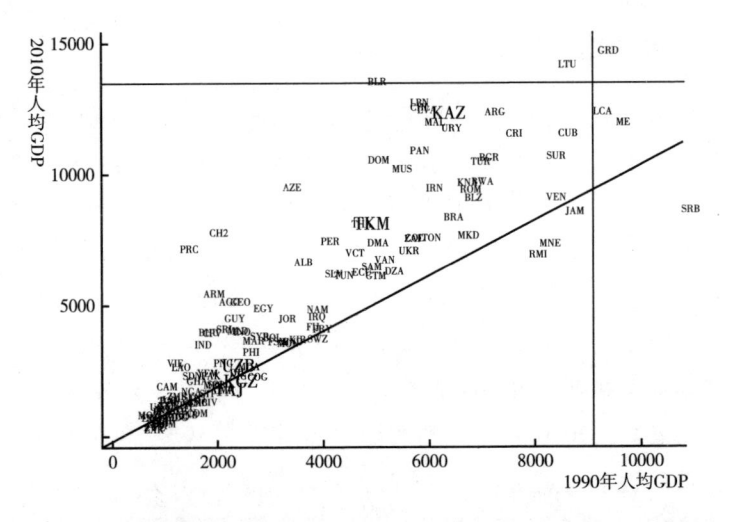

图 1.3　中亚国家的收入水平（按 2005 年的不变美元转换的购买力平价）

来源：作者根据 Penn World Tables 8.0 计算。

际标准来看，一些中亚国家①的贫困率仍停留在警戒水平（图 1.5）。过去这些年，吉尔吉斯共和国和塔吉克斯坦的贫困线以下的人口比重下降得很

---

① 土库曼斯坦和乌兹别克斯坦没有最近的贫困数据。

快，但仍有 35%~50% 的人口处于国家贫困线以下。只有哈萨克斯坦减贫管理的成效非凡，贫困人口比重已经从 40% 以上下降到 4% 左右。

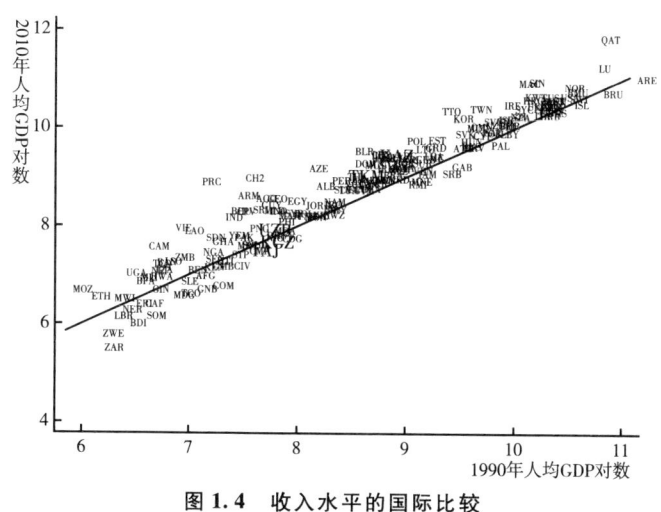

图 1.4　收入水平的国际比较

注：直线描绘的是 y 轴对 x 轴的线性回归。
来源：作者根据 Penn World Tables 8.0 计算。

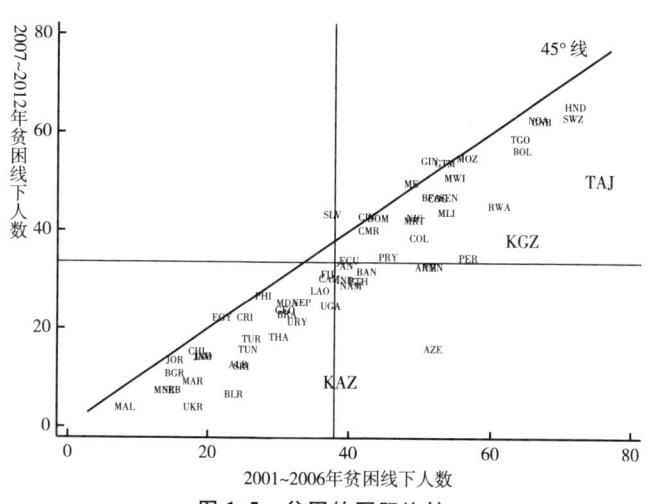

图 1.5　贫困的国际比较

注：贫困率是占人口的百分比。图中的那条直线是一条 45°对角线。基于国家贫困线的跨国比较受制于数据收集方法、定义和各国的贫困线的价值差异。在哈萨克斯坦，贫困线设置在每天 4.2 美元（PPP），吉尔吉斯共和国是每天 3.1 美元（PPP），塔吉克斯坦是每天 3.0 美元（PPP）。
来源：作者根据世界发展指标计算。

由于自给自足不再是一个选项，优先考虑与世界其他地区的贸易和投资上的互联，尤其是进一步东进亚洲，西连欧洲，应该能为中亚诸国提供一个新的可持续增长机会。这就需要专注于自身的核心竞争力，实现产品多样化，融入全球价值链，以更好地发挥优势。

考察几个宏观经济指标，对横向了解中亚各国的增长表现很有价值（表1.1）。过去十多年来，中亚国家国民收入占GDP的比重上升，但仍有较大的增长空间，足以为国内投资提供基础。此外，中亚国家政府的税基也在扩大，目前占到GDP的14%~22%。这可以巩固财政预算的状况，扭转过去十年来的财政赤字局面。强劲的财政状况、积极的货币管理以及更加充足的外汇储备（目前占GDP的16%~23%），也可以抑制过高的通货膨胀，使物价比其他地区国家的物价更稳定。

表1.1 中亚的宏观经济指标

单位：%

宏观经济指标	哈萨克斯坦		吉尔吉斯共和国		塔吉克斯坦		土库曼斯坦		乌兹别克斯坦	
	2003	2012	2003	2012	2003	2012	2003	2012	2003	2012
国民收入/GDP	34.3	42.6	5.3	—	9.3	—	25.4	—	26.9	32.0
国内投资/GDP	25.7	23.3	11.8	32.4	10.0	—	31.1	—	20.2	28.9
政府税收/GDP	20.5	13.6	14.2	21.0	15.0	19.9	18.3	—	22.4	20.3
财政预算/GDP	-0.9	-2.9	-0.8	-6.6	1.1	-3.1	-0.1	6.0	-1.3	0.4
消费物价上涨（每年）	6.4	5.1	3.1	2.8	13.7	6.4	5.6	5.3	10.3	7.2
外汇储备/GDP	16.1	14.0	20.8	31.9	7.6	8.2	23.4	—	16.3	—

注：— 数据不可得。
来源：作者根据亚洲开发银行（2013c）计算。

1.3 生产结构转型

尽管有许多理由相信中亚地区拥有积极的前景，但是经济增长仍然存在对自然资源开采过度依赖、出口产品低端以及农产品贸易随季节性波动等诸多贸易问题（Dowling and Wignaraja, 2006a）。此外，过去10年来，受移民工人汇款所支撑的中亚地区服务业，在一些国家发展迅速，意味着其对其他国家的经济依赖变得更加严重和集中。石油和自然资源最终会耗尽，因此要求这些国家必须确定产品空间（产品数量、品种和质量）和目标市场的多元化程度（Hamilton，2013：29-63）。

中亚地区的生产结构转型开始于 1989~1991 年，最活跃的阶段出现在 1991~1999 年之间，正是在这一阶段，中亚国家纷纷摆脱经济发展的苏联模式。中亚国家经济的主要特点是继承了与原苏联的生产结构的联系。在转型初期，中亚国家的产品空间和目标市场的规模非常小，产品主要销往俄罗斯联邦和原苏联的其他加盟共和国。

自 20 世纪 90 年代初以来，中亚国家根据行业间附加值和历年的进出口规模，各自进行了不同的生产结构调整。已有研究（Dowling and Wignaraja，2006a，2006b）道出了石油、天然气出口国（哈萨克斯坦、土库曼斯坦、乌兹别克斯坦）和非石油天然气出口国（吉尔吉斯共和国和塔吉克斯坦）之间的基本差异。在过去的二十年中，该地区的经济增长主要受哈萨克斯坦和土库曼斯坦的石油和天然气部门推动，尽管也有一些来自农业、工业品、矿产、服务业升级的贡献（表 1.2）。

表 1.2　中亚地区的生产结构和国际贸易

国家	工业增加值（占 GDP 的%）			服务业增加值（占 GDP 的%）			农业增加值（占 GDP 的%）			GDP（十亿美元）	出口（十亿美元）	进口（十亿美元）
	1995	2005	2012	1995	2005	2012	1995	2005	2012	2012	2012	2012
石油天然气出口国												
哈萨克斯坦	31.2	39.2	39.2	56.0	54.2	56.3	12.8	6.6	4.5	202.7	92.3	44.9
土库曼斯坦	65.3	37.6	48.4	17.9	43.6	37.0	16.9	18.8	14.5	33.7	20.0	14.1
乌兹别克斯坦	27.8	28.8	33.4	39.8	43.1	46.8	32.4	28.1	19.8	50.9	14.3	12.0
非石油出口国												
吉尔吉斯共和国	19.4	22.0	28.2	37.5	46.7	53.1	43.1	31.3	18.7	6.5	1.9	5.4
塔吉克斯坦	36.5	30.7	27.9	27.6	45.6	50.3	35.9	23.8	21.8	7.6	1.4	3.8

来源：作者根据亚洲开发银行（2013c）计算。

在中亚地区，服务业已成为生产的重要组成部分，几乎占到了 GDP 增加值的一半。哈萨克斯坦的服务业贡献的增加值一直都很大，其他四个国家的服务业近年来发展也非常迅速。进一步完善服务业，特别是银行和金融系统，减少阻碍市场经济发展的政策壁垒，可以支持服务业更大的发展，扩大中亚地区的国内市场和消费的规模。

在非石油出口国，吉尔吉斯共和国的工业占 GDP 的比重不断上升，但在塔吉克斯坦却有所下降，主要是因为其服务业的规模。中亚地区的工业复苏与这些国家从事的国际贸易规模密切相关，它已在GDP的规模中占据相当大的一部分。与处于类似发展阶段的那些国家相比，中亚国家的工业制成品出口成绩斐然。不过，工业制成品的出口规模取决于其定义。如果吉尔吉斯共和国算上黄金的话（黄金冶炼是制造工业的一部分，而非采矿业），那么工业制成品的出口要占货物总出口的一半以上。如果黄金不算的话（同理，塔吉克斯坦不算铝，哈萨克斯坦和乌兹别克斯坦不算有色金属和非有色金属），那么工业制成品的出口规模会缩小很多。各国之间的制造结构也各不相同。土库曼斯坦、吉尔吉斯共和国、乌兹别克斯坦等国的纺织及相关产品占据了其制成品出口的绝大部分，黑色、有色金属和非金属矿物是哈萨克斯坦、吉尔吉斯共和国和乌兹别克斯坦等国的制成品出口的主力军。

近年来，乌兹别克斯坦也成为一个汽车出口大国。第二章将会更详细地讨论国际贸易的构成。

在过去的二十年里，生产要素和收入要素也出现了微妙的变化，特别是劳动力的规模、失业和工人的汇款（表1.3）。直到21世纪初，农业仍然是非石油出口国的主要增长驱动力，特别是吉尔吉斯共和国和乌兹别克斯坦，这是因为普遍有利的气候条件、棉花和小麦的全球价格高企，以及农业改革。集体农场的棉花和小麦生产率得到提高。然而，贸易波动和全球价格的涨落导致近几年要素向附加值更高的制造业和服务业流动。结果，工人离开农业，从农村向城市迁徙。

表1.3 劳动力、汇款收入和失业

国家	人口（百万）		劳动力（百万）		失业率（%）		汇款	
	1995	2011	1995	2011	1995	2011	2002~2012年合计（百万美元）	2012年（占GDP的比重）
石油天然气出口国								
哈萨克斯坦	15.8	16.6	7.4	8.8	11.0	5.4	1707.2	0.1
土库曼斯坦	4.2	5.1	1.9	—	—	—	—	—
乌兹别克斯坦	22.7	29.3	8.5	12.5	0.3	0.1	—	—
非石油出口国								
吉尔吉斯共和国	4.5	5.5	1.7	2.5	5.7	8.5	9005.4	31.3
塔吉克斯坦	5.7	7.8	1.9	2.3	2.0	1.0	16672.8	44.2

注：— 数据不可得。

失业率因为定义而有所差异。在哈萨克斯坦和吉尔吉斯共和国，数据是根据国际劳工组织对失业的定义而计算的。而其他三个国家没有劳动力调查，他们采用的是官方登记失业率。

来源：作者根据亚洲开发银行（2013c）计算。

哈萨克斯坦和吉尔吉斯共和国仍然存在失业问题，而乌兹别克斯坦和塔吉克斯坦的失业率则相对较低，这可能反映了各国在测量失业率和劳动力参与率的方法上存在差异。需要更多的来自劳动力市场的证据才能解释中亚在经过了 20 多年的转型期后，贫困水平为什么没有出现显著下降的原因。对劳动力市场更加详细的分析应该能够揭示贫困的潜在因素——20 世纪 90 年代初中亚国家生产和配电网故障频发，社会保障系统崩溃，关键商品生产中断造成高通胀，货币供应失控，多个国家发生内乱，以及熟练工人移民俄罗斯联邦等。

所有国家工人的汇款都有所增加，即使相关数据还比较欠缺，在某些情况下还出现前后不一致、不可靠的情况。自 21 世纪初以来，工人汇款在吉尔吉斯共和国和塔吉克斯坦变得尤为重要，大多数农民工从这些经济体进入俄罗斯联邦的劳动力市场或亚洲邻国。尽管如此，吉尔吉斯共和国的失业率仍然很高。来自全国统计委员会的数据显示，该国的失业率（根据国际劳工组织的定义）在 2002 年达到最高值 12.5%，从 2004 年到 2012 年，失业率从 8.1% 上升到 8.5%。虽然哈萨克斯坦并没有如此依赖工人的汇款，失业率从 20 世纪 90 年代末至今下降了近一半，依然居高不下。特别是在费尔干纳盆地（Fergana Valley）和乌兹别克斯坦、吉尔吉斯共和国、塔吉克斯坦的边境地区，失业和贫穷仍然非常明显。

1.4 小结

初始条件在中亚经济发展中充当了塑造动力和设置障碍正反两方面的角色。该地区的工业的地理位置、产出和产品的专注度和基础设施的互联主要承接自转型之前的时期。向市场经济转型要求资源重新配置，尽可能做到有效利用。

以前的研究已经指出了几个有助于中亚地区增长的因素，包括矿产和能源相关产品的出口；外国直接投资带来工业化、技术转让和就业创造以及各国政府的宏观经济管理和政局稳定（Dowling and Wignaraja, 2006b）。这些因素在未来几年对中亚仍然十分重要。

尽管自然资源采掘业是中亚大部分地区经济发展的基础，但是石油、天然气和矿物的储量总有一天会耗尽，而且也不是所有的中亚国家都拥有这样的资源禀赋，因而必须增强高附加值制造业和服务业的发展。中亚地区经济的可持续发展有赖于贸易和金融的一体化、基础设施投资、交通、贸易便利化和制度能力。这些问题将在接下来的章节中一一讨论。

  作为小型开放经济体，中亚经济体需要宏观审慎政策，同时考虑货币贬值、主要贸易伙伴潜在的竞争性货币贬值以及其他经济体出口类似的商品，这将对贸易和外国投资的跨境流动造成重大影响。为了抵消这种周期性波动的负面影响，政策制定者需要积极地管理稳定基金，运用反周期性的政策工具（Gill et al., 2014: 28-29）。

第二章

中亚与经济中心的贸易联系

2.1 导论

本章关注贸易模式和未来贸易一体化带来的成本和收益。贸易模式主要根据贸易伙伴的地理位置、要素禀赋、生产技术、出口的要素比例以及进口模式等内容进行考察，然后，从深度（贸易的规模和价值）和广度（贸易伙伴和贸易产品的数量），以及出口和非出口企业的作用等几个方面对贸易伙伴和产品的多样化的分析，进而分析收益、成本和分配冲突。

当前，中亚地区与主要经济中心及其他地区的跨境贸易已有一些经验教训可资吸取。为了更好地理解中亚贸易联系的潜力与前景，需要对中亚地区的进口、出口和贸易总体的前景、现有的贸易关系、产品构成、贸易伙伴的相近性、产业集中度和支持因素等方面进行检验。

对贸易模式的检验有助于更好地理解产品空间和目标市场，寻找加以完善的途径，也有助于中亚地区从贸易中获益，实现成本最小化。

有几个方面的政策挑战不能不考虑在内，包括经济多元化、提高生产链的档次、加强与亚洲工厂的联系以创造高附加值以及增加就业等。

要想从未来的贸易一体化中收益最大化，中亚五国加入白俄罗斯联邦、哈萨克斯坦、俄罗斯联邦组成的关税同盟或者世界贸易组织至关重要。同样重要的还有贸易成本和影响国际贸易的制度因素（Helpman，2011：126-165）。这种贸易成本不仅包括运输成本及与此相关的贸易壁垒，而且包括贸易便利性和制度（见专栏2.1关于中亚地区的关税保护）。在地理位置既定的条件下，它们对中亚经济体在转型期的发展尤其重要。本章重点阐述了贸易模式与潜在的收益和成本,第四章将会讨论政策问题、区域合作和制度因素。

专栏 2.1　中亚地区的关税保护

中国和转型经济体的关税税率的综合数据很难获得,中亚地区即是一个例证。

数据的缺乏不仅使该地区的保护模式难以理解,而且很难具体分析关税减免和自由贸易协定的福利影响。对加入白俄罗斯联邦、哈萨克斯坦和俄罗斯联邦组成的关税同盟带来的成本和收益进行充分评估所需要的信息匮乏就是其中一个例子。尽管存在诸多限制,现有的数据还是能提供一个分析中亚地区关税保护的大致框架。整个地区对农业的保护水平上基本相当,而对工业的保护则有所差异。

表 B2.1　最惠国关税（Most Favored Nation Tariffs）

单位：%

国家	年份	简单平均			贸易加权平均		
		总体	农业	工业	总体	农业	工业
哈萨克斯坦	2012	9.5	13.4	8.8	9.4	19.5	8.2
吉尔吉斯共和国	2012	4.6	7.4	4.2	3.8	5.5	3.4
塔吉克斯坦	2012	7.8	10.8	7.3	7.2	5.4	8.1
土库曼斯坦	2012	5.1	8.3	4.2	2.9	12.6	1.1
乌兹别克斯坦	2012	15.4	19.2	14.9	10.9	13.7	9.6

来源：World Trade Organization（http://www.wto.org）,World Databank（http://databank.worldbank.org/data/home.aspx）。

2.2　贸易模式

货物贸易

尽管经济开放对中亚地区的未来具有重要意义,但各国的发展并不平衡。以进出口占 GDP 的比重这一指标来衡量,塔吉克斯坦和土库曼斯坦是目前最开放的经济体（图 2.1）。增长与开放度相关性方面的历史证据存在争议（Lee，Ricci，Rigobon，2004），这意味着以中亚地区面临的成本和收益来看，经济连通性的经验和前景是独一无二的。尽管更深入的经济一体化会产生赢家和输家，但在经济连通性的拓展中必须保证所有利益相关者的潜在收益最大化。

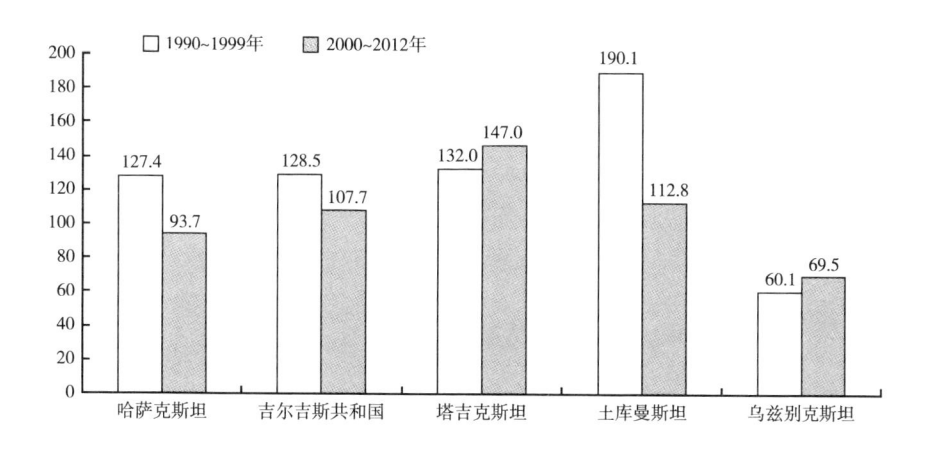

图 2.1　国际贸易（进口＋出口）占 GDP 的比重（年平均）

来源：作者根据亚洲开发银行有关数据（2013c）计算。

在过去十年里，中亚地区的对外货物贸易普遍上升（图 2.1）。哈萨克斯坦的出口带动了主要消费品进口的增长，刺激了经济增长以及在石油和天然气相关产品上的投资。如果以名义美元计算，吉尔吉斯共和国、塔吉克斯坦、乌兹别克斯坦的出口都有所上升，但如果以美元的实际购买力计算，塔吉克斯坦的出口实际是下降的，吉尔吉斯共和国的出口几乎没有增长。对于这两个国家而言，进口的大幅度增加抵消了出口的增长，导致贸易差额的减少。如果非石油出口国继续依赖低端制造业、服装的出口创收和国外工人的汇款来弥补进口支出，那么在基础设施投资和消费品方面的需求将会给经济带来挑战。

服务贸易

中亚地区的服务贸易大幅增长。这一趋势应归因于近年来哈萨克斯坦金融行业的扩张以及吉尔吉斯共和国和塔吉克斯坦汇款收入规模的上升。尽管服务贸易的数据相对比较零散，不像货物贸易那么集中，但也能显示

表 2.1 中亚国家国际收支经常账户余额

单位：十亿美元

国家		货物		服务和收入		经常转移	
		出口	进口	借方	贷方	借方	贷方
石油天然气出口国							
哈萨克斯坦	2003	13.2	9.6	5.8	2.0	0.4	0.3
	2012	92.1	47.4	42.8	6.8	2.6	3.6
土库曼斯坦	2003	3.5	2.6	—	—	—	—
	2012	19.9	13.4	—	—	—	—
乌兹别克斯坦	2003	3.2	2.4				
	2012	14.6	11.0				
非石油出口国							
吉尔吉斯共和国	2003	0.6	0.7	0.2	0.2	0.01	0.2
	2012	2.0	5.0	1.6	1.2	0.3	2.3
塔吉克斯坦	2003	0.9	1.0	0.2	0.1	0.1	0.3
	2012	0.8	4.4	1.0	0.9	0.3	3.7

注：— 代表无数据。
来源：作者根据亚洲开发银行有关数据（2013c）计算。

出中亚地区的服务贸易在过去十年翻了一番多（表2.2）。金融服务、通信、房地产、旅游等行业的重要性更加凸显。国内信贷需求的进一步扩大，推动了金融领域的深化发展，有利于银行和金融业的发展和开放。在基础设施上的投资，包括对通信和商业服务进行升级，将有助于服务产业的生产、就业和国际贸易（见专栏2.2有关中亚地区的旅游业的介绍）。

表 2.2 中亚地区的服务贸易

单位：十亿美元

国家	年份	出口	进口	贸易总额
哈萨克斯坦	2000~2006	12.6	33.1	45.8
	2007~2012	25.9	67.8	93.8
吉尔吉斯共和国	2000~2006	1.3	1.6	2.8
	2007~2012	5.5	6.1	11.5
塔吉克斯坦	2000~2006	0.6	1.1	1.6
	2007~2012	2.2	3.5	5.8

续表

国家	年份	出口	进口	贸易总额
土库曼斯坦	2000~2006	—	—	—
	2007~2012	—	—	—
乌兹别克斯坦	2000~2006	—	—	—
	2007~2012	6.3	2.1	8.4

注：— 表示无数据。数据来源于世界贸易组织对商业服务贸易的统计。服务分类对应于 S200 编码，并与联合国数据 [包括服务收支的分类扩展版（EBOPS），联合国服务贸易统计数据库分类]、服务贸易排除备忘录项目和 EBOPS 补充项目（EBOPS 全部对应 S200 编码）进行交叉检查。世界贸易组织与联合国服务贸易的统计数据有一定的出入，这是因为 EBOPS 不包括补充项目和备忘录项目的贸易流量，因而世界贸易组织统计的服务贸易流量比联合国服务贸易数据要大。

来源：作者根据世界贸易组织商业服务贸易统计数据进行计算。

专栏 2.2　旅游业：潜力与陷阱

旅游业是世界服务贸易中的一个重要且保持稳定增长的部分。据世界旅游组织发布的世界旅游晴雨表报告（2014 年 4 月），2013 年国际游客的总数比 2012 年全年增加了 5200 万人（UNWTO，2014），旅游业出口创汇达 1.4 万亿美元，全球旅游目的地的收入比上一年增长 5%，达到全球 1.159 万亿美元。2013 年，在所有旅游目的地中，亚太地区增长最快（8%），其次是美洲（6%）和欧洲（4%）。

旅游根据其目的可分为休闲旅游、季节性旅游（复活节、圣诞节）以及遗产旅游等。后者的概念比较复杂，要根据现存的历史建筑或文物等特征进行定义。

在这方面，中亚国家拥有古丝绸之路的丰富遗产，具备巨大的发展机遇。根据世界发展指标，前往吉尔吉斯共和国的游客人数从 2009 年的 140 万增加到 2012 年的 240 万，同一时期，哈萨克斯坦接待的游客规模从 290 万上升到 480 万。这些漂亮的数据背后彰显出巨大的发展潜力。与之形成鲜明对比的是，2012 年，埃及接待的游客人数为 1100 万，墨西哥接待的游客人数为 2300 万。

中亚各国怎样能增加旅游人数呢？旅游被形容为一个不对称的市场（Cohen，1979；Smeral，1993）。一般情况下，由于存在信息不对称的情况，旅游产品的"卖方"知道其真正的特性和价值，而潜在的

"买方"却不能。而在中亚地区,买卖双方都存在信息不对称。

举例来说,位于乌兹别克斯坦的撒马尔罕(Samarkand),其历史可追溯到公元前7世纪的古城阿弗洛西亚(Afrasiab),目前被认为保存了中亚从公元13世纪至今最重要阶段的政治、经济、文化生活的遗迹。这座城市的独特之处在于城市的印记不是按时间顺序出现的,而是彼此连在一起的。因此,如果游客参观阿弗洛西亚古城遗址,可以在列吉斯坦广场(Registan Square)建筑群和乌鲁贝克天文台遗址(Ulughbek's Observatory)看到从公元前4世纪亚历山大大帝国的一部分到公元14~15世纪帖木儿(Temurid)帝国时代古城残存的文化和科学活动遗迹,最后到19世纪的沙皇俄国时代和20世纪苏联时代扩建的欧洲风格建筑。

中亚需要向罗马竞技场、英国的巨石阵及埃及吉萨的胡夫金字塔等知名景点学习借鉴遗产保护和旅游胜地的出色营销策略。

亚洲的转型国家应该首先确定和评估旅游产业的全部潜能。其次,政府应积极鼓励向海外宣传,激发旅游潜能,促进旅游行业的民营企业提升营销策略和服务。虽然互联网的发展已为消除非对称性做出了很大贡献,但是对于旅游服务业,提供持续的、定制的、准确的信息网络平台仍然是必不可少的(Schwabe, Novak, and Aggeler, 2008)。

最后,要让上述措施产生积极的影响,必须打造一个全面交通硬件平台(Seetanah et al., 2011),也就是说各国需要建设一条有效的、可靠的基础设施网,便于游客在各条线路之间自由移动(Gunn, 1988; Inskeep, 1991)。

表 B2.2　2013 年中亚地区的服务贸易出口

	总额(百万美元)	占货物与服务贸易总出口的比重(%)
哈萨克斯坦	1460	1.6
吉尔吉斯共和国	530	17.1
塔吉克斯坦	3	0.2
乌兹别克斯坦	6.5	4.1

注:无法找到土库曼斯坦的数据。
数据来源:哈萨克斯坦、吉尔吉斯共和国和塔吉克斯坦中央银行,乌兹别克斯坦国家统计委员会。

贸易伙伴的地理分布

国际贸易的主要障碍来源于贸易伙伴之间的距离较远及相关的运输和贸易便利化成本。正在进行的经济走廊建设的开发项目，试图克服中亚地区的贸易障碍（图 2.2）。中亚地区的双边贸易规模与贸易伙伴间的距离之间的关系可以在过去 20 多年的数据中看到（图 2.3）。经济走廊和基础设施的作用在 4.4 节中会更加详细地讨论。

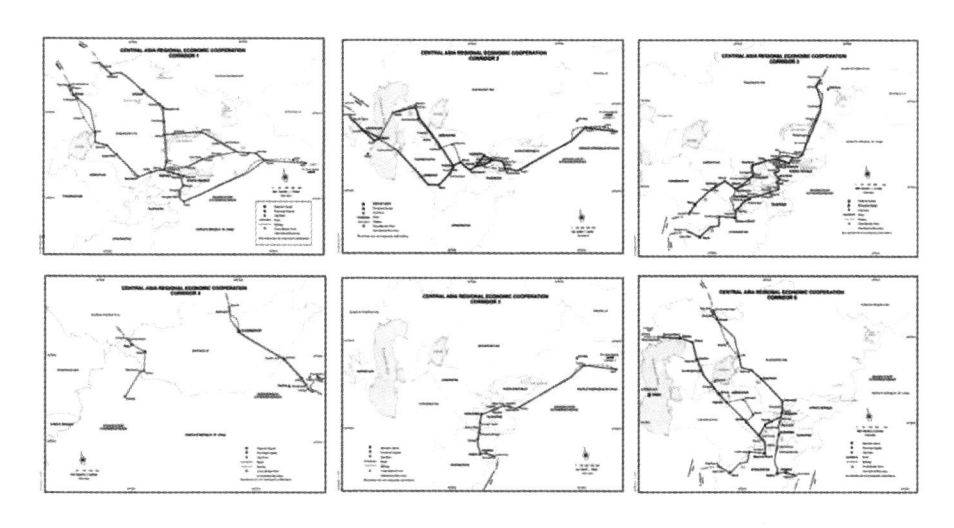

图 2.2 中亚地区的经济走廊

来源：CAREC（2012）。

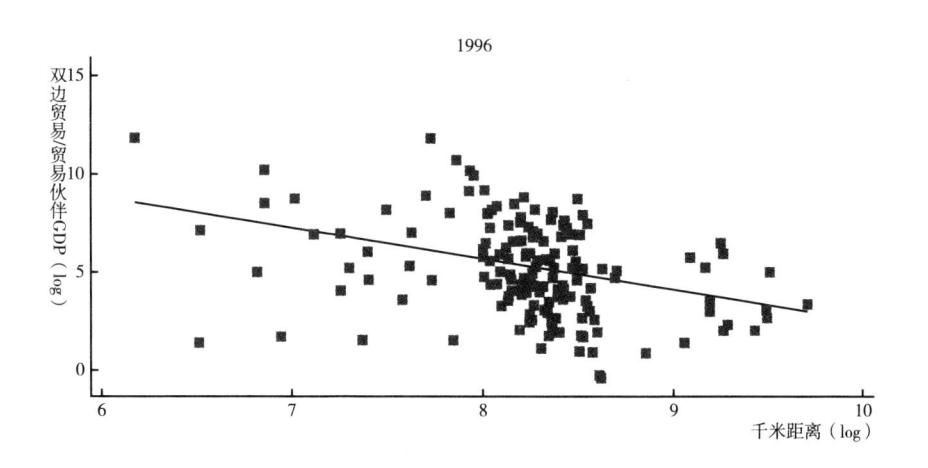

2011

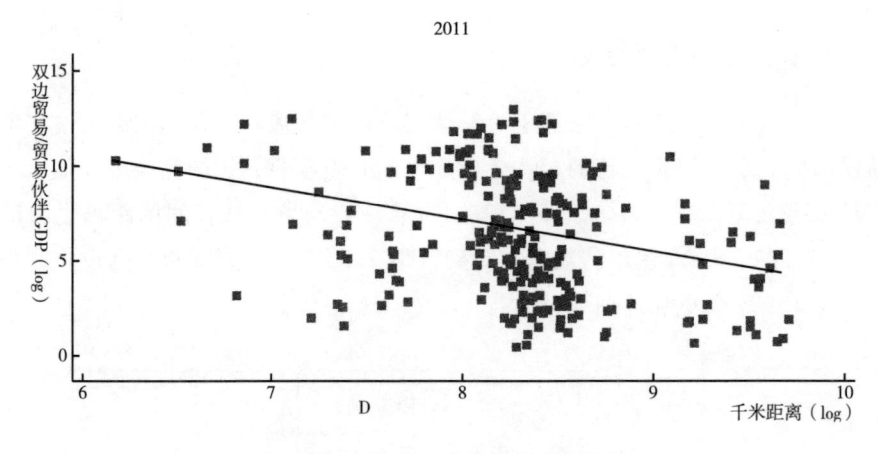

图 2.3　中亚地区的距离与双边贸易

注：贸易密度＝双边贸易/贸易伙伴的 GDP。贸易伙伴之间的平均距离考虑贸易伙伴 GDP 的加权。x 轴、y 轴的数据都经过对数化处理。

来源：作者根据联合国统计署贸易数据库（UN Comtrade Statistics）计算。

基于中亚地区的地理位置及与之贸易伙伴数量不多等历史条件，大致可以预测中亚地区的贸易－距离关系。20 世纪 90 年代初苏联解体后，中亚地区的双边贸易一直集中在俄罗斯联邦和欧盟地区。在过去的十年中，中亚和东亚（中国、日本和韩国）之间的贸易往来逐渐增多，不过比起与欧盟之间的贸易规模还有一定的差距（表 2.3）。

表 2.3　中亚地区与经济中心之间的商品贸易

国家	经济中心	年份	出口总额		进口总额		进出口总额	
			百万美元	2000 年代/1990 年代	百万美元	2000 年代/1990 年代	百万美元	2000 年代/1990 年代
哈萨克斯坦	东盟	1992~1999	0.40	2.5	0.07	28.8	0.47	6.6
		2000~2012	0.99		2.15		3.15	
	南亚	1992~1999	0.15	24.7	0.19	10.7	0.34	16.9
		2000~2012	3.75		2.07		5.82	
	中、日、韩	1992~1999	2.98	25.0	1.16	38.8	4.15	28.8
		2000~2012	74.44		45.21		119.64	
	美国	1992~1999	0.53	12.7	1.15	11.5	1.68	11.9
		2000~2012	6.76		13.22		19.98	
	俄罗斯联邦	1992~1999	11.33	3.5	10.55	8.1	21.88	5.7
		2000~2012	39.49		85.42		124.87	
	欧盟	1992~1999	16.49	21.6	12.64	9.6	29.12	16.4
		2000~2012	355.56		120.82		476.33	

续表

国家	经济中心	年份	出口总额 百万美元	出口总额 2000年代/1990年代	进口总额 百万美元	进口总额 2000年代/1990年代	进出口总额 百万美元	进出口总额 2000年代/1990年代
吉尔吉斯共和国	东盟	1992~1999	0.00	16.0	0.00	14.8	0.01	15.6
		2000~2012	0.02		0.07		0.09	
	南亚	1992~1999	0.03	15.1	0.12	1.9	0.15	4.9
		2000~2012	0.51		0.22		0.73	
	中、日、韩	1992~1999	0.26	2.4	0.23	101.5	0.49	49.0
		2000~2012	0.63		23.42		24.05	
	美国	1992~1999	0.06	1.7	0.29	3.6	0.34	3.2
		2000~2012	0.10		1.02		1.12	
	俄罗斯联邦	1992~1999	0.77	3.1	1.18	7.9	1.95	6.0
		2000~2012	2.38		9.39		11.76	
	欧盟	1992~1999	2.45	3.1	2.69	4.8	5.14	3.9
		2000~2012	7.46		12.83		20.28	
塔吉克斯坦	东盟	1992~1999	0.01	3.7	0.00	21.1	0.01	6.4
		2000~2012	0.03		0.03		0.06	
	南亚	1992~1999	0.01	41.8	0.02	27.4	0.03	32.2
		2000~2012	0.45		0.59		1.04	
	中、日、韩	1992~1999	0.08	14.1	0.03	202.1	0.11	62.0
		2000~2012	1.17		5.72		6.88	
	美国	1992~1999	0.08	0.6	0.13	4.9	0.21	3.3
		2000~2012	0.04		0.63		0.67	
	俄罗斯联邦	1992~1999	0.51	2.5	0.66	9.8	1.17	6.6
		2000~2012	1.26		6.53		7.79	
	欧盟	1992~1999	3.78	2.7	3.91	3.5	7.67	3.1
		2000~2012	10.22		13.85		24.06	
土库曼斯坦	东盟	1992~1999	0.02	1.1	0.00	95.3	0.03	18.7
		2000~2012	0.02		0.46		0.48	
	南亚	1992~1999	0.18	13.6	0.08	5.7	0.26	11.3
		2000~2012	2.47		0.43		2.90	
	中、日、韩	1992~1999	0.20	63.2	0.23	32.6	0.43	47.0
		2000~2012	12.68		7.34		20.01	
	美国	1992~1999	0.09	11.3	0.91	2.2	1.01	3.0
		2000~2012	1.04		1.99		3.04	
	俄罗斯联邦	1992~1999	0.28	7.2	0.84	9.3	1.12	8.7
		2000~2012	2.04		7.75		9.78	
	欧盟	1992~1999	5.74	8.2	5.77	6.2	11.51	7.2
		2000~2012	46.92		35.72		82.63	

续表

国家	经济中心	年份	出口总额		进口总额		进出口总额	
			百万美元	2000年代/1990年代	百万美元	2000年代/1990年代	百万美元	2000年代/1990年代
乌兹别克斯坦	东盟	1992~1999	0.24	1.3	0.09	5.3	0.33	2.4
		2000~2012	0.31		0.48		0.80	
	南亚	1992~1999	0.14	24.5	0.26	2.4	0.40	10.1
		2000~2012	3.46		0.63		4.09	
	中、日、韩	1992~1999	0.83	8.2	0.89	12.3	1.73	10.3
		2000~2012	6.83		11.01		17.85	
	美国	1992~1999	0.27	4.4	1.50	1.5	1.76	1.9
		2000~2012	1.18		2.24		3.42	
	俄罗斯联邦	1992~1999	4.00	2.7	4.77	3.6	8.77	3.2
		2000~2012	10.82		17.21		28.04	
	欧盟	1992~1999	9.63	3.3	13.95	3.3	21.68	3.6
		2000~2012	31.53		46.31		77.84	

来源：作者根据联合国统计署贸易数据库（UN Comtrade Statistics）计算。

比较优势：禀赋、技术和要素比例

尽管全球贸易分类受到全球价值链的驱动，即比较优势会随时间而变化，并超越国家范围跃升到区域层面，但是检验中亚地区的比较优势有助于理解该地区的贸易联系。比较优势呈现出产品空间之间不同的趋势，这意味着构建国际贸易网络的潜在优势和加入全球价值链的获益。

中亚地区的显性比较优势（revealed comparative advantage）的分布并没有随产品种类或者时间的推移而呈现均匀的走势[①]（图2.4）。中亚地区对石油、天然气、矿产资源和自然资源等几种同质商品出口的依赖，表明该地区发展高附加值的制造业（例如差异化产品）和国际贸易网络的重要性（Rauch，1999）。

---

① 显性比较优势可以很好地总结中亚地区过去20多年的转型。比较优势可以随时间变化而发生变化，这种随时间变化的显性比较优势的计算公式为：

$$RCA_{it}^j = \frac{exports_{it}^j}{\sum_i exports_{it}^j} \Big/ \frac{\sum_j exports_{it}^j}{\sum_{j,i} exports_{it}^j}$$

其中j代表产品，i代表国家，t代表时间。

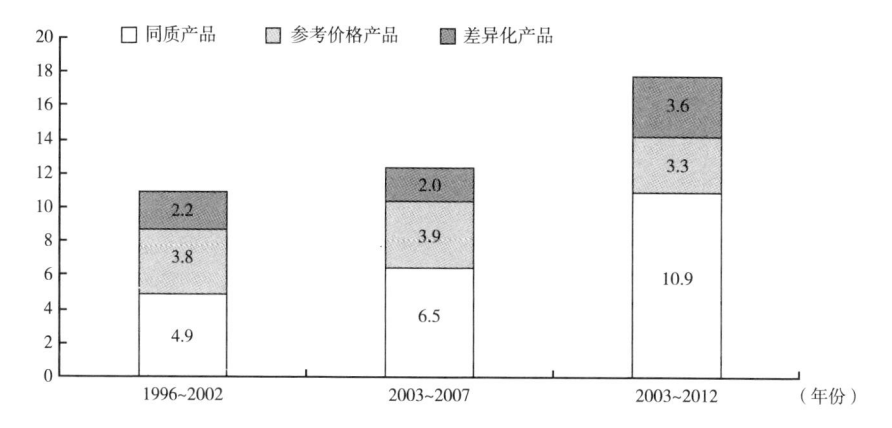

图 2.4　中亚地区的显性比较优势

注：参考 Rauch（1999）采用国际贸易标准分类 4 位数编码第 2 次修订标准（SITC，Rev.2）。在这个分类中，同质产品是指由交易所设定价格的产品。参考价格产品是指那些不在交易所进行交易但具有基准价格的商品。差异化产品是指那些既不在交易所进行交易，又没有参考价格的商品。

来源：作者根据联合国统计署贸易数据库（UN Comtrade Statistics）计算。

2.3　能源、初级产品和制成品的贸易

产品的规模和范围

中亚地区土地丰富，但资本密集度低（图 2.5），大量限制贸易的壁垒亟待破除。贸易政策和区域性机构曾在中亚的转型期发挥着重要的作用。资本密集度、市场准入、外国投资及机构素质等要素，是检验中亚五国产品空间规模与范围之间的相互作用时的不可或缺的工具。实证表明，基础设施的质量、要素禀赋的差异与中亚国家和其他国家的双边贸易之间存在着正相关性（表 3.1）。中亚地区的贸易收益取决于该地区怎样扩大产品规模和范围以及克服产品集中度，后者要以要素禀赋（土地、劳动和资本）为基础，利用好新的生产技术、国内支持性的机构以及区域合作。

出口产品集中度

新产品种类和贸易部门的扩张主要受到几个方面因素的影响。鉴于

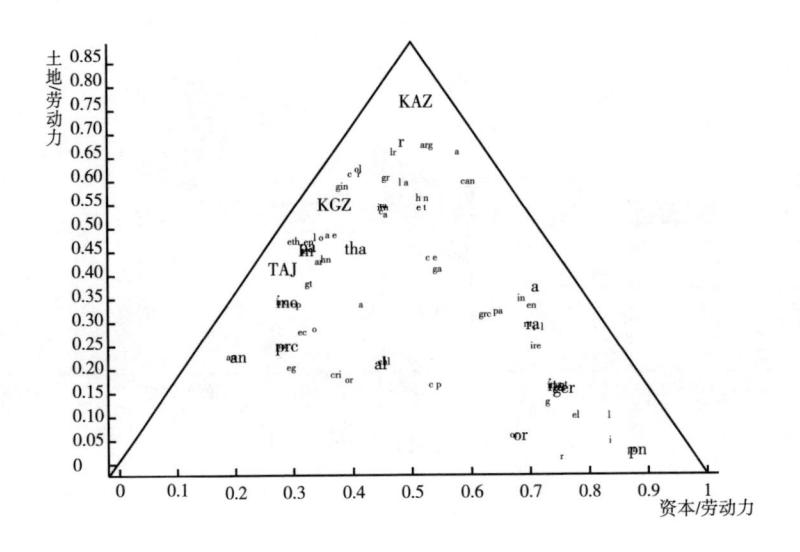

图 2.5　要素禀赋三角形

来源：作者根据世界发展指标中的土地和劳动力数据和 Berlemann and Wesselhoft（2012）中的资本存量数据计算得来，参考 Leamer（1987）。

固定成本和产品规模报酬递增等因素，在交通运输成本和贸易便利化等约束条件下，一国可能会重点发展那些能够开发资源禀赋、满足国内外旺盛需求的行业。某些贸易领域增长不力，可能是由于这类产品的需求增长缓慢、贸易伙伴增长不足，以及新的行业和产品市场的竞争意识不强等因素（Leamer and Stern，2009：168-171）。以中亚地区为例，出口多样化一直是转型经济体面临的挑战，因为它们在融入全球市场时，会倾向于少数具有比较优势产品的专业化，而这些主要是自然资源和劳动密集型的产品。最后，转型国家要实现出口多元化，提高产品的梯次（Fujita，Krugman，and Venables，1999：2392-281）。对于中亚地区而言，需要在出口多元化的收益和成本之间做出一定的权衡。少数产品的专业化可能较有效率，且能形成规模经济，但过度的出口集中度会转移资源，导致在某些产业的过度投资。产出、产品和出口收入过于集中到少数产品种类也会造成多元化风险（见专栏 2.3 对吉尔吉斯共和国服装出口的分析）。

利用出口集中度指数，可以清楚地看到，中亚地区的出口收入主要集中

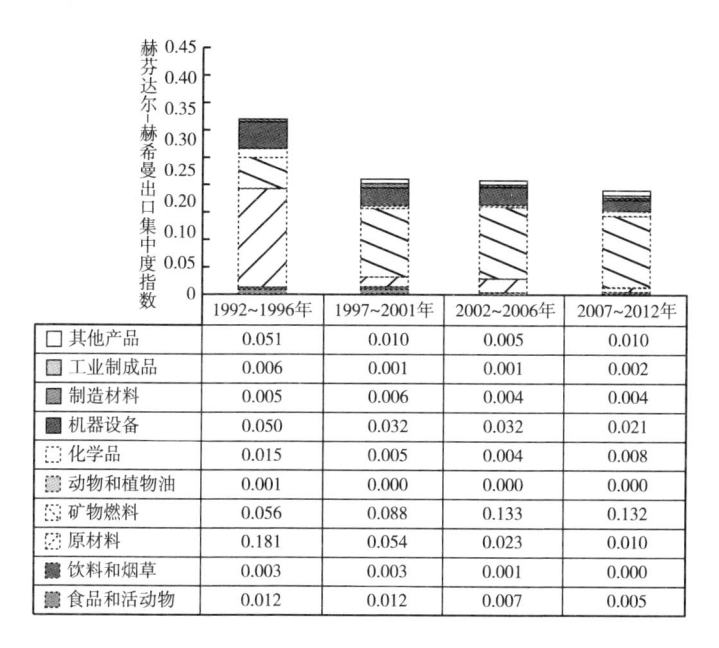

	1992~1996年	1997~2001年	2002~2006年	2007~2012年
其他产品	0.051	0.010	0.005	0.010
工业制成品	0.006	0.001	0.001	0.002
制造材料	0.005	0.006	0.004	0.004
机器设备	0.050	0.032	0.032	0.021
化学品	0.015	0.005	0.004	0.008
动物和植物油	0.001	0.000	0.000	0.000
矿物燃料	0.056	0.088	0.133	0.132
原材料	0.181	0.054	0.023	0.010
饮料和烟草	0.003	0.003	0.001	0.000
食品和活动物	0.012	0.012	0.007	0.005

图 2.6　中亚地区矿物燃料的出口集中度

注：根据赫芬达尔－赫希曼出口集中度指数，数值越趋近于1，说明产品种类的集中度越高。

来源：作者根据联合国统计署贸易数据库有关数据计算。

在原材料和矿物燃料，这种集中度在过去的20多年不断上升①（图2.6）。需要注意的是，尽管联合国统计署贸易数据库提供的国家和行业的数据比较全面，国家统计数据和国际统计数据之间仍存在差异，特别是塔吉克斯坦、土库曼斯坦和乌兹别克斯坦。这些经济体贸易的主要组成部分，包括出口到俄罗斯联邦的天然气和其他国家的黄金，并没有系统地统计到这些国家的数据中。附录1列出了中亚国家和国际组织的统计数据之间的一些差异（表A1.3－A1.4）。

---

① 为了检验中亚地区的出口集中度的状况，赫芬达尔－赫希曼出口集中度指数（Herfindahl－Hirschman export concentration index）的计算公式为：

$$HH_t^j = \sqrt{\sum_i \left(\frac{exports_{it}^j}{total\ exports_t^j} \right)^2}$$

其中j代表国家，i代表产品，t代表时期。产品采用联合国统计署贸易统计数据国际贸易标准分类4位数编码第2次修订标准（4－digit SITC Revision 2）分类。

专栏 2.3　吉尔吉斯共和国服装出口

21 世纪初，吉尔吉斯共和国的服装业从零起步，逐渐发展成为国民经济中最重要的部门之一，对出口创收和就业，尤其是解决妇女就业方面的贡献巨大。

吉尔吉斯共和国服装产品的出口比率高达 95%。从 2003 年到 2012 年，服装出口总额从 1500 万美元增加到 1.56 亿美元。向俄罗斯联邦的出口占到出口总额的 80%，其次是哈萨克斯坦。官方统计显示，服装出口的主要产品是女性服装（占到 80%）。目前，来自吉尔吉斯共和国的产品占据了俄罗斯联邦服装业市场的 2%，对于一个小型的出口国家来说是一个巨大的成就[a]。

中、小、微企业是服装行业的主力军。吉尔吉斯共和国服装行业的工人规模估计在 15 万～30 万人，占总就业人口的 6.4%～12.8%。无法获得精确的数据也说明：(i) 非正规经济存在大量的未注册的企业；(ii) 行业内的正规企业之中存在非正规就业，尤其是在季节性生产高峰时期雇用的临时工。

吉尔吉斯共和国服装制造商的原料（面料、纱线、纽扣、拉链、配件等）和设备主要依赖进口。绝大多数的面料和设备从中国进口，也有一部分来自韩国和土耳其。

吉尔吉斯共和国服装行业的竞争力来源于：
- 相对廉价的劳动力；
- 从中国进口的交通运输成本较低；
- 从进口来源地的特别通关制度中享受的进口税较低；
- 服装行业的一次性征税；
- 生产商针对俄罗斯联邦和哈萨克斯坦的中低收入人群的需求和品位的设计和质量；
- 服装行业协会组织良好，政策层面的利用效率高；
- 多尔多伊（Dordoi，位于吉尔吉斯共和国的首都比什凯克，靠近吉尔吉斯-哈萨克斯坦边境）、卡拉苏（Karasuu，靠近吉尔吉斯-乌兹别克斯坦边境）等地的大型开放市场的有效利用，营销给力以及产品在区域性市场上的推广。

另外，俄罗斯联邦和哈萨克斯坦对中国服装业课以高额的进口关税也使得吉尔吉斯共和国坐拥巨大的价格优势。

然而，吉尔吉斯共和国服装业面临着挑战，包括信贷不足、熟练的劳动力和更高的终端投入。目前对邻国的中低收入群体的专业化策略，限制了其生产能力向距离更远但利润空间更大的亚洲、欧洲和北美市场的发展。

吉尔吉斯共和国预期加入白俄罗斯联邦、哈萨克斯坦和俄罗斯联邦的关税同盟，对其服装行业有着重要的影响。吉尔吉斯共和国的厂商将会更容易地进入俄罗斯联邦的广阔市场。与此同时，要满足入盟的标准就意味着企业和政府要增加额外成本，因为需要提供高质量的基础设施建设支持这个产业。服装行业受到的影响主要体现在其他两个方面：（i）从中国进口的面料、装备及其他进口品将会因为遵从关税同盟统一的关税而增加成本，导致生产成本上升（对厂商的负效应）；（ii）中国生产的竞争性的服装产品在吉尔吉斯共和国的价格也会因为同样的原因上升（对厂商的价格正效应）。因此，加入关税同盟对吉尔吉斯共和国的服装行业产生的净效应尚不能确定。

a：本专栏的所有数据都来源于吉尔吉斯共和国国家统计委员会，网址http：// www.stat.kg（访问日期：2014 年 5 月 5 日）。

2.4 贸易伙伴和产品的多元化

边际的深度和广度

要实现可持续发展，中亚需要加强与地区外的经济中心之间的集约边际（贸易额和价值）和扩展边际（贸易伙伴和贸易产品的数量）。对于中亚经济，原材料和能源类产品的出口受主要的工业经济体的需求所驱动，因而出口的目标市场相对受到限制。图 2.7 显示了中亚地区过去 20 多年贸易伙伴数量的大致情况。从本质上看，中亚依赖于少数的能源类产业、服务和低端制造业，它的贸易伙伴的数量比较少。这两方面的因素加剧了该地区的出口风险（表 A2.1－A2.5、A2.1－A2.5）。

一般而言，双边贸易关系的强度取决于距离、禀赋差异、经济发展水平的相似性以及贸易伙伴的结构。对于中亚经济体，生产商和企业在转型期的运输成本和进入新的国际贸易市场的固定成本非常高，贸易便利条件很差。有证据表明，全球所有国家伙伴关系中的一半是贸易伙伴关系，这个数量在长时间内保持稳定（Helpman，Melitz，and Rubinstein，2008）。而对于中亚，已有的贸易伙伴数量比全球平均水平要低得多。有关中亚双边贸易的评测数据显示，要素禀赋的差异影响了中亚与其他国家的贸易规模（表3.1）。考虑到固定成本和回报递增，扩大与科技水平和经济水平都很高的国家之间的产业内贸易，能让中亚国家从中获得多大的收益，仍然是一个见仁见智的开放性话题，这需要有关消费模式、本地市场效应（Hanson and Xiang，2004）、要素比例和产品差异等方面更多的数据。

中亚地区和世界其他地区的一半以上的国家没有直接的贸易往来（图2.8）。研究发现（Helpman，Melitz，and Rubinstein，2008），中亚与158个国家中的一半之间的贸易量为零，而且过去20多年这种趋势一直都没有得到扭转。图2.8的数据还显示中亚与其他地区的贸易关系受到了距离遥远的影响，因此相比其他国家来说贸易伙伴稀少，这种状况已经持续了多年。由于贸易产品的关系，中亚地区对外贸易的边际深度也有所欠缺。吉尔吉斯共和国和乌兹别克斯坦的贸易产品集中度就比哈萨克斯坦、塔吉克斯坦、土库曼斯坦要低（表2.4）。

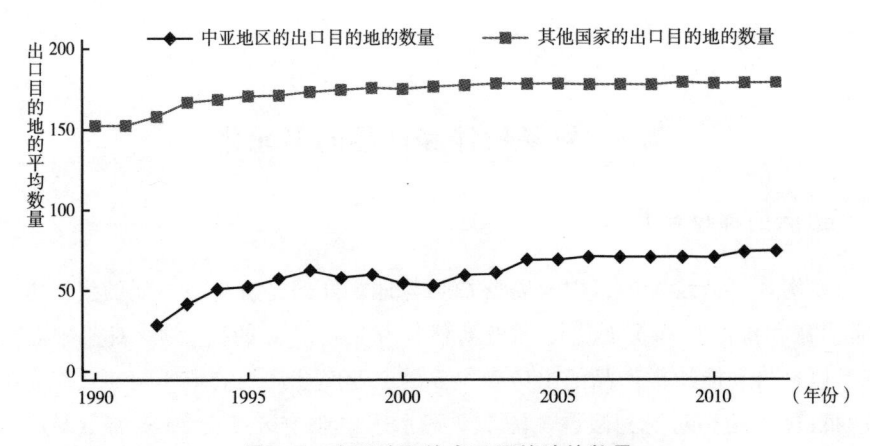

图2.7 中亚地区的出口目的地的数量

来源：作者根据国际货币基金组织贸易统计局的有关数据计算。

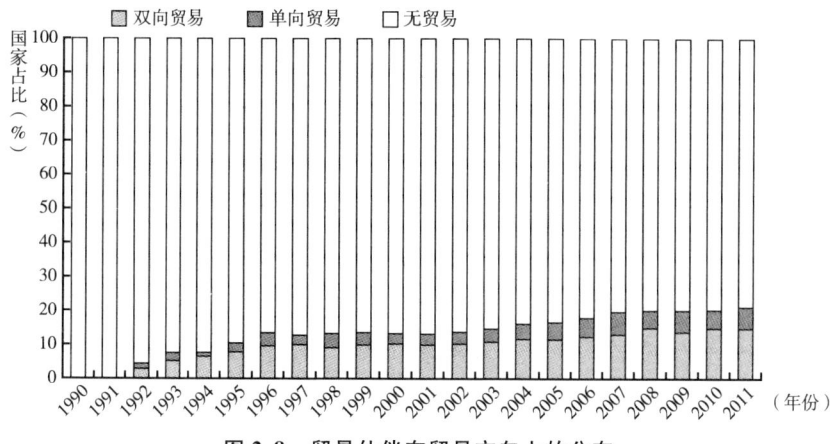

图 2.8　贸易伙伴在贸易方向上的分布

注：本图中以全球可能存在的贸易伙伴比例来描绘贸易关系。最上面的部分是与中亚地区贸易关系薄弱（低于100万美元）的国家所占的比例，中间部分是与中亚地区有单向贸易关系的国家所占的比例，最下面的部分代表与中亚地区有双向贸易关系的国家所占的比例。

来源：作者根据国际货币基金组织贸易统计局的有关数据计算。

表 2.4　中亚地区产品多元化

	出口								
	1996 年			2006 年			2012 年		
国家	产品数量	集中度指数	多元化指数	产品数量	集中度指数	多元化指数	产品数量	集中度指数	多元化指数
哈萨克斯坦	218	0.23	0.73	199	0.60	0.75	230	0.59	0.73
吉尔吉斯共和国	159	0.16	0.70	160	0.16	0.69	207	0.15	0.64
塔吉克斯坦	100	0.42	0.78	92	0.68	0.87	131	0.51	0.79
土库曼斯坦	80	0.55	0.79	92	0.70	0.80	120	0.58	0.81
乌兹别克斯坦	170	0.53	0.78	144	0.27	0.76	174	0.23	0.65

	进口								
	1996 年			2006 年			2012 年		
国家	产品数量	集中度指数	多元化指数	产品数量	集中度指数	多元化指数	产品数量	集中度指数	多元化指数
哈萨克斯坦	246	0.07	0.44	248	0.07	0.36	251	0.07	0.35
吉尔吉斯共和国	171	0.16	0.56	213	0.21	0.51	233	0.19	0.48
塔吉克斯坦	173	0.15	0.61	210	0.15	0.52	230	0.09	0.56
土库曼斯坦	205	0.10	0.53	228	0.09	0.43	238	0.09	0.46
乌兹别克斯坦	233	0.08	0.45	224	0.10	0.42	234	0.09	0.47

注：集中度指数基于 H－H 指数，值越接近于1，表明集中度越高。多元化指数测量的是一国贸易产品结构与世界平均值之间的差距。数值越接近于1，说明离世界平均水平差距越大。

来源：根据联合国贸易和发展会议有关商品出口、进口的集中度和多元化的统计数据。

2.5 收益与成本

贸易收益与分配冲突

深入理解贸易收益,有助于政策者引导资源被有效率、有效果地使用。

贸易条件的改善可以作为衡量一国从国际贸易中是否获益的指标。利用出口价格与进口价格的比率这一指标对选定的中亚国家的贸易条件进行测量,可以发现出口价格增长幅度高于进口价格增长幅度会提高中亚国家在国际市场上的购买力,让这些国家受益匪浅(图2.9)。有充分的证据表明,20世纪90年代末至今,哈萨克斯坦和乌兹别克斯坦的贸易条件总体上稳步改善,但整个中亚地区的贸易条件并不稳定,几乎与该地区的出口产品和全球大宗商品的价格波动同步。

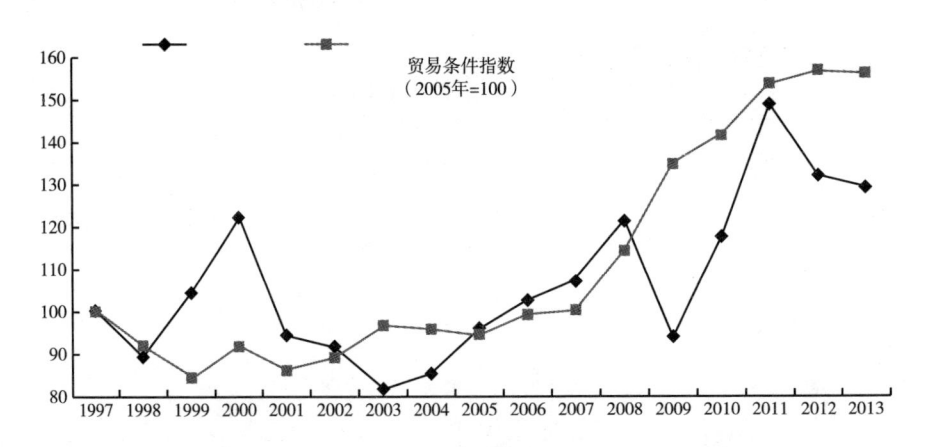

图 2.9 选定国家的贸易条件

注:贸易条件指数 = 出口价格指数/进口贸易指数。
来源:作者根据经济学人智库(Economist Intelligence Unit, EIU)有关数据计算。

对中亚地区扩大贸易关系的收益和成本的评估,需要认识到贸易开放可能带来的分配冲突,包括熟练工人和非熟练工人回报的差异、农村和城市地区的发展、劳动力市场现状、就业前景和创造新的工作岗位。中亚地区的数据表明,贸易开放与就业和产出波动之间的关系大多数是负面的,即国家开放度越高,跨行业的就业和产出的波动性下降得越厉害(见表2.5)。

表 2.5 贸易开放度与就业和产出的波动之间的相关性

国家	就业波动与贸易开放度之间的相关性		
	农业	工业	服务业
哈萨克斯坦	−0.32	0.91	−0.10
吉尔吉斯共和国	−0.20	0.12	−0.56
塔吉克斯坦	−0.33	−0.06	0.29
土库曼斯坦	—	—	—
乌兹别克斯坦	−0.07	−0.50	−0.07

国家	产出波动与贸易开放度之间的相关性		
	农业	工业	服务业
哈萨克斯坦	−0.63	0.09	0.33
吉尔吉斯共和国	−0.50	−0.60	0.14
塔吉克斯坦	−0.46	−0.33	0.06
土库曼斯坦	−0.70	−0.62	−0.60
乌兹别克斯坦	0.71	0.46	0.53

注：波动是计算从 2005 到 2012 年之间 3 年滚动标准差。贸易开放度是贸易总额（出口加进口）除以 GDP 的值。

来源：作者根据亚洲开发银行（2013c）计算。

然而，评估国际贸易对行业内、跨行业之间生产率和资源的再分配效应需要更多的证据（Bernard，Redding，and Schott，2007）。要想在中亚地区和经济中心之间建立有意义的、可持续的贸易联系，政策制定者和区域合作机制需要在考虑出口收入波动、持续失业以及生产要素回报等因素的基础上，解决如何向该地区在转型期的国际贸易中的受损方进行补偿的问题。

有关贸易一体化和多元化的成本和利益的其他方面的问题也值得进一步研究。自由贸易协定和白俄罗斯联邦、哈萨克斯坦和俄罗斯联邦的关税同盟在区域内和区域间的影响需要均衡的分析，涉及一系列的假设。它将有助于理解诸如关税同盟对农业、服务业、制造业和中亚整体经济以及非成员国等产生的正反两方面的影响。

此外，战略、政策方面的考虑可能对产业多元化发展起到非常重要的作用。例如，农业和食品产业对经济和社会的可持续发展至关重要。汽车行业的发展在中亚经济参与全球价值链的背景下也大有可为。

2.6 小结

要素禀赋、地理、基础设施、贸易便利化以及政府政策将对中亚地区加强与经济中心和其他地区之间的贸易联系十分重要。石油出口国与非石油出口国之间的差异及其对不同出口商品的依赖，意味着在中亚转型经济体中没有普遍适用的路径。依赖全球商品的高价格，出口集中于少数产品，可能在未来自然资源枯竭和全球商品价格持续波动时陷入困境。要想可持续发展，中亚必须考虑新产品和市场的多元化。一个全面的政策议程应该试图克服沉没成本、企业和生产者进入新市场的壁垒，同时考虑到出口部门与国内经济相互依存性、产出和就业的成本和收益，扩大贸易开放度。出口部门的技术工人和要素要比非熟练工人和进口部门的要素获益更多。由于中亚地区和贸易伙伴都有可能出现分配冲突，为连接中亚地区和经济中心所制定的政策必须兼顾到加强这种贸易联系过程中的赢家和输家。

贸易多元化在多大程度上对中亚地区是必要的呢？一方面，产品在横向（产品数量）和纵向（产品质量）两个维度上的差异性越大，越是有助于中亚地区在更高的经济发展水平上加强与主要经济中心贸易关系，扩大目标市场。另一方面，中亚地区也需要在考虑核心部门的固定成本和收益递增的基础上，增加其在具有比较优势领域中的生产和出口，例如石油、天然气和矿产开采，以及资本密集度高、进入壁垒难的制造行业。

第三章

外国直接投资关系

3.1 导论

本章将分析中亚地区外国直接投资的流出和流入。外国直接投资是全球经济和地区经济体之间主要的联系。

3.2节介绍中亚地区外国直接投资的趋势和模式,包括分行业的总体动态和机构,以及投资的来源国和去向国。3.3节分析外国直接投资对中亚各国的影响。3.4节是对研究做一个小结。

3.2 外国直接投资的模式

外国直接投资的测量

在过去10~15年,中亚地区所有国家的货币对美元实际上都出现了较强甚至非常强的升值(图3.1)。这些经济体中的美元购买力已经大幅下跌。例如,根据世界发展指标,在哈萨克斯坦,2012年的1美元相当于2000年的0.29美元。以当前美元计价的外国直接投资的增长可能并不一定意味着真正的增长。因此,采用2005年不变美元来衡量长期外国直接投资可能更有说服力。

总体趋势

流入中亚地区各国的外国直接投资差异显著(表3.1)。从绝对数看,

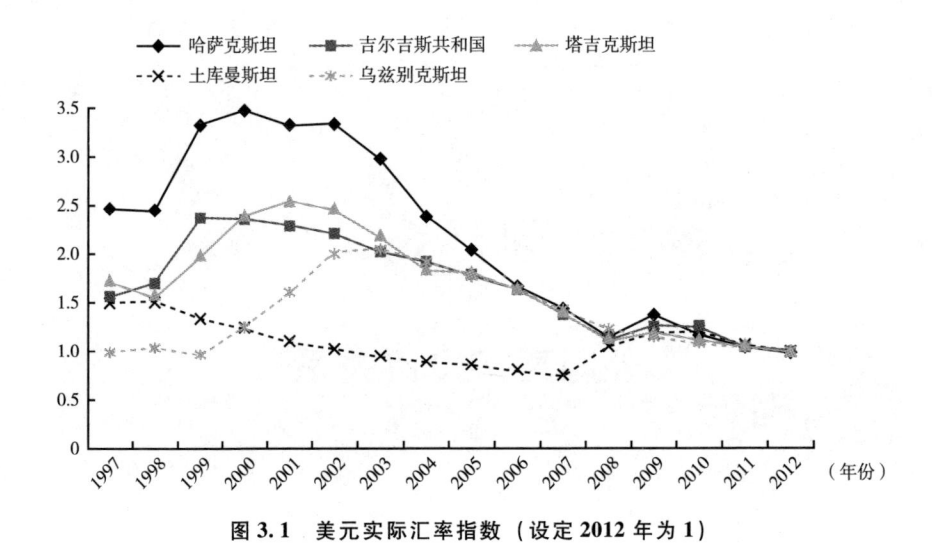

图 3.1 美元实际汇率指数（设定 2012 年为 1）

来源：作者根据世界经济展望（World Economic Outlook database）计算。

哈萨克斯坦是最大的外国直接投资流入国，在 2011 年进入世界 20 大外国直接投资流入国之列（UNCTAD，2013）。

表 3.1 中亚地区外国直接投资的净流量

国家	2005	2006	2007	2008	2009	2010	2011	2012
当前美元(百万)								
哈萨克斯坦	2546	7611	11973	16819	14276	7456	14287	15117
吉尔吉斯共和国	43	182	208	377	189	438	694	372
塔吉克斯坦	54	339	360	376	16	-16	67	198
土库曼斯坦	418	731	856	1277	4553	3631	3399	3159
乌兹别克斯坦	192	174	705	711	842	1628	1467	1094
2005 年不变美元(百万)								
哈萨克斯坦	2546	5942	7864	8966	8913	3890	6364	6575
吉尔吉斯共和国	43	163	151	219	124	279	362	184
塔吉克斯坦	54	296	259	210	9	-9	35	104
土库曼斯坦	418	640	675	759	2738	2134	1844	1586
乌兹别克斯坦	192	157	531	467	508	898	753	539
占 GDP 的比重(%)								
哈萨克斯坦	4.5	9.4	11.4	12.6	12.4	5.0	7.7	7.5
吉尔吉斯共和国	1.7	6.4	5.5	7.3	4.0	9.1	11.2	5.7
塔吉克斯坦	2.4	12.0	9.7	7.3	0.3	-0.3	1.0	2.8
土库曼斯坦	5.2	7.1	6.8	6.6	22.5	16.1	12.1	9.4
乌兹别克斯坦	1.3	1.0	3.2	2.5	2.6	4.2	3.2	2.1

来源：世界发展指标。

塔吉克斯坦的外国直接投资流入量最小，在 2010 年外国直接投资净流入量甚至是负数。如果以 GDP 作为参照物，土库曼斯坦是近年来（2006～2012 年）外国直接投资流入量最大的国家（图 3.2），其外国直接投资年均净流入量占国内生产总值的比重接近 12%，高于国际平均水平（以这项指标来衡量，土库曼斯坦排名世界第 26 位，亚洲第 6 位）。同一时期内，哈萨克斯坦的外国直接投资流入量占年 GDP 的比重超过 9%，乌兹别克斯坦的比重 2.7%，为该地区最低。

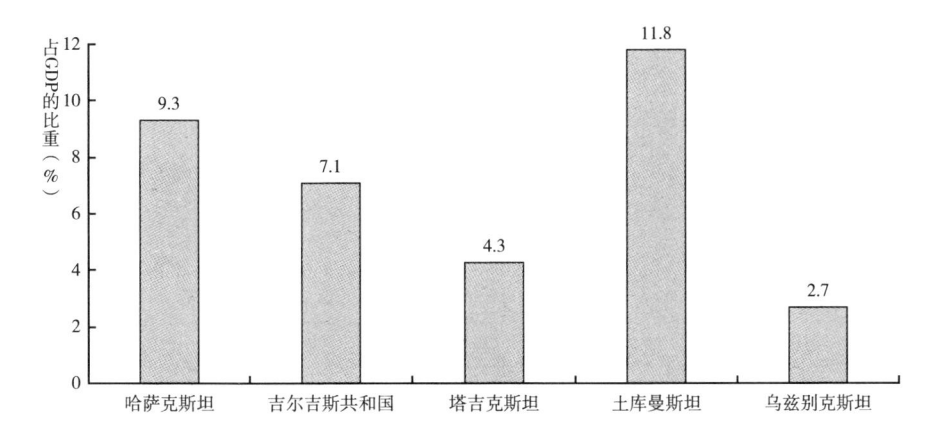

图 3.2　2006～2012 年中亚地区的外国直接投资流量

来源：作者根据世界发展指标计算。

表 3.1 显示了最近的外国直接投资净流入量。在 2006～2012 年期间，吉尔吉斯共和国、土库曼斯坦、乌兹别克斯坦外国直接投资流入量稳步增长；哈萨克斯坦和塔吉克斯坦则出现下降[①]，主要是因为几个较大的项目完成后，没有类似的项目代替。

中亚五国的外国直接投资流量波动比较大。2006～2012 年期间，土库曼斯坦的外国直接投资占 GDP 的比重在 6.6%～22.5% 之间波动，塔吉克斯坦在 -0.3% 到 12.0% 波动，哈萨克斯坦在 5.0%～12.6% 波动，吉尔吉斯共和国在 4.0% 到 11.2% 波动，乌兹别克斯坦在 1.0%～4.2% 波动。在这一阶段，世界经济周期已经经历了三个不同时期（金融危机前的快速增

---

① 在哈萨克斯坦，如果以恒定的价格或占 GDP 的比重来衡量，观测到的流入量是下降的，如果以当前美元价格来测量，这一趋势似乎是上升的，尽管 2012 年的名义价值比 2008 年的水平要低。

长期、危机年、后危机时代的恢复期)。中亚地区的外国直接投资的流动并没有严格遵循经济周期,更多的是受到能源和矿业大型投资项目的时间轴的驱动。

土库曼斯坦和哈萨克斯坦拥有最大的外国直接投资存量(资本数量、储备、留存利润和外商投资企业的子公司的负债净值)(表3.2)。然而,哈萨克斯坦近年来GDP的增长速度超过了外国直接投资存量增长速度,所以外国直接投资在GDP中所占的比重在2009~2012年之间呈下降趋势。塔吉克斯坦在2007~2012年之间也出现类似的情况。究其原因,要么是FDI流量的临时下降,要么是出现了刺激GDP增长的其他因素(例如在塔吉克斯坦,汇款收入超过外国直接投资)。在另外三个国家,外国直接投资流量在GDP中的比例呈现明显上升的趋势,意味着这些经济体还没有达到外国直接投资的饱和点。

表3.2 中亚地区的外国直接投资的流入存量

国家	2005	2006	2007	2008	2009	2010	2011	2012
美元(百万)								
哈萨克斯坦	25.6	32.9	44.6	59.0	71.8	82.6	95.4	106.9
吉尔吉斯共和国	0.6	1.3	1.0	1.4	1.4	1.7	2.4	2.8
塔吉克斯坦	0.3	0.6	1.0	0.9	1.0	1.0	1.0	1.3
土库曼斯坦	2.4	3.1	4.0	5.3	9.8	13.4	16.8	20.0
乌兹别克斯坦	1.3	1.5	2.2	2.9	3.7	5.4	6.8	7.9
占GDP的比重(%)								
哈萨克斯坦	44.8	40.6	42.5	44.2	62.3	55.8	51.2	53.3
吉尔吉斯共和国	25.5	44.3	25.9	26.8	30.5	35.4	38.9	42.6
塔吉克斯坦	13.2	22.8	27.2	16.7	19.9	18.0	15.2	18.3
土库曼斯坦	29.5	30.4	31.4	27.3	48.5	59.5	60.0	59.4
乌兹别克斯坦	9.1	8.6	9.8	10.3	11.4	13.7	14.9	15.4

来源:作者根据世界发展指标,联合国贸易与发展会议统计数据库计算。

只有哈萨克斯坦的外国直接投资流出十分显著,它的人均GDP和国民储蓄在中亚地区最高。2007~2011年,哈萨克斯坦的海外投资在37亿~50亿美元之间(表3.3),但在2012年下降了一半。

表 3.3　哈萨克斯坦向其他国家的直接投资

	2005	2006	2007	2008	2009	2010	2011	2012
流量								
当前美元(百万)	429	948	4007	3701	4193	3791	5014	2677
2005年不变美元(百万)	429	740	2632	1973	2618	1978	2233	1164
占GDP比重(%)	0.8	1.2	3.8	2.8	3.6	2.6	2.7	1.3
存量								
美元(百万)	—	—	2.2	3.3	7.1	16.2	19.9	21.0
占GDP比重(%)	—	—	2.1	2.4	6.1	11.0	10.7	10.5

注：— 表示无数据。
来源：作者根据世界发展指标，联合国贸易与发展会议统计数据库计算。

外国直接投资模式

中亚各国的外国直接投资流入在行业和来源地等方面都呈现出相似的趋势（图3.3～图3.7）。以行业来看，存在两大主流：一是与自然资源相关，包括石油、天然气、金属和非金属矿产的精炼，地质勘探开采，与采矿、冶金、石油和天然气处理（包括化学工业）相关的服务，有些年份还包括能源（石油和天然气管道）的运输。除塔吉克斯坦外，其他四国流入这些部门的外国直接投资占GDP的比重约等于或已超过50%。这些投资支持的企业所生产的产品主要出口到国外。发展石油和天然气领域或者油气管道的建设通常是一些大型项目，他们在这些国家中的总体投资组合中所占的比重很高，导致上述外国直接投资的分布不均衡。这些项目的启动或完成都会带来外国直接投资总额的巨大变化。例如，中国在哈萨克斯坦和土库曼斯坦建造石油和天然气管道使得两国的外国直接投资在2009年（建设高峰期）上升到高位，而在2010年（建设基本完成时）迅速回落。

在所有中亚国家中，外国直接投资流向的另一个大的部门是国内服务业市场，包括房地产开发、贸易、金融，建筑和通信等行业。这些部门所占的份额在吉尔吉斯共和国和塔吉克斯坦两国尤其高，因为它们没有大型的油气矿藏。哈萨克斯坦、吉尔吉斯共和国和塔吉克斯坦的国家统计数据显示，从长时间来看，外国直接投资进入非流通部门（例如贸

A. 按行业

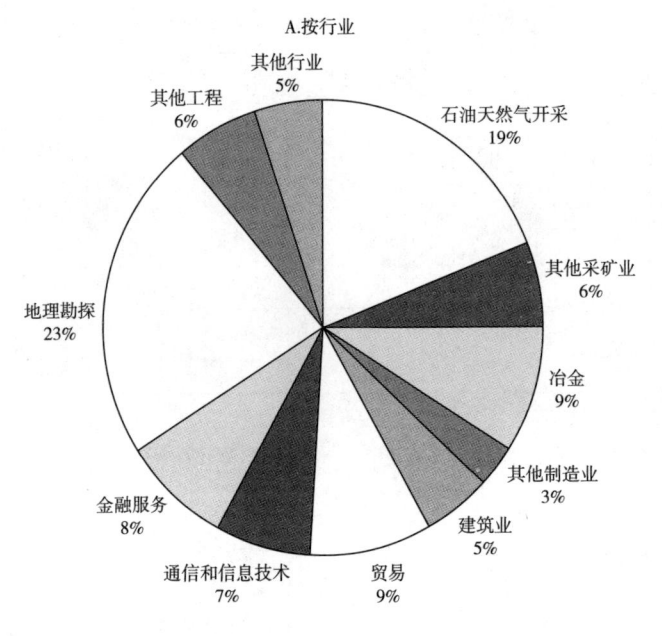

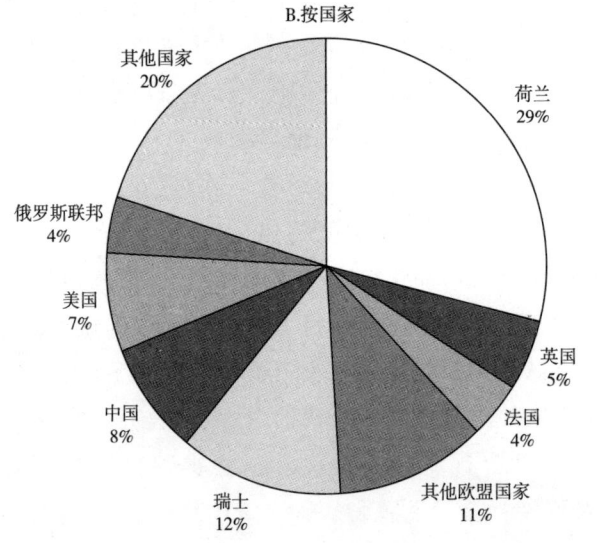

- 石油天然气开采 19%
- 其他采矿业 6%
- 冶金 9%
- 其他制造业 3%
- 建筑业 5%
- 贸易 9%
- 通信和信息技术 7%
- 金融服务 8%
- 地理勘探 23%
- 其他工程 6%
- 其他行业 5%

B. 按国家

- 荷兰 29%
- 英国 5%
- 法国 4%
- 其他欧盟国家 11%
- 瑞士 12%
- 中国 8%
- 美国 7%
- 俄罗斯联邦 4%
- 其他国家 20%

图 3.3　2012 年哈萨克斯坦外国直接投资的结构

来源：哈萨克斯坦中央银行。

易、通信、房地产开发和金融）无论从绝对量还是占总量的比重都是上升的。例如，在哈萨克斯坦，累计进入贸易、通信、建设和金融等部门的投资额占外国直接投资总流入量的比重从 2005 年的 8% 上升到 2012 年的 29%①。

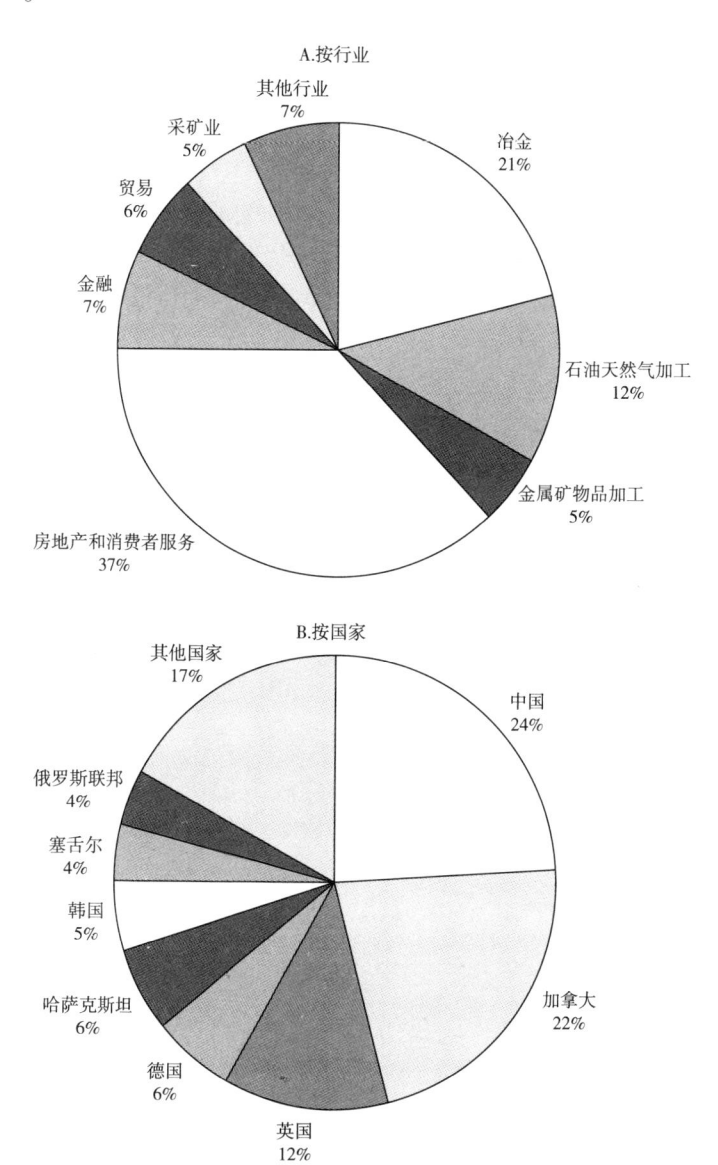

A.按行业
- 其他行业 7%
- 采矿业 5%
- 贸易 6%
- 金融 7%
- 房地产和消费者服务 37%
- 金属矿物品加工 5%
- 石油天然气加工 12%
- 冶金 21%

B.按国家
- 其他国家 17%
- 俄罗斯联邦 4%
- 塞舌尔 4%
- 韩国 5%
- 哈萨克斯坦 6%
- 德国 6%
- 英国 12%
- 加拿大 22%
- 中国 24%

图 3.4　2012 年吉尔吉斯共和国外国直接投资的结构

来源：吉尔吉斯共和国国家统计委员会。

---

① 根据哈萨克斯坦中央银行有关数据。

A.按行业

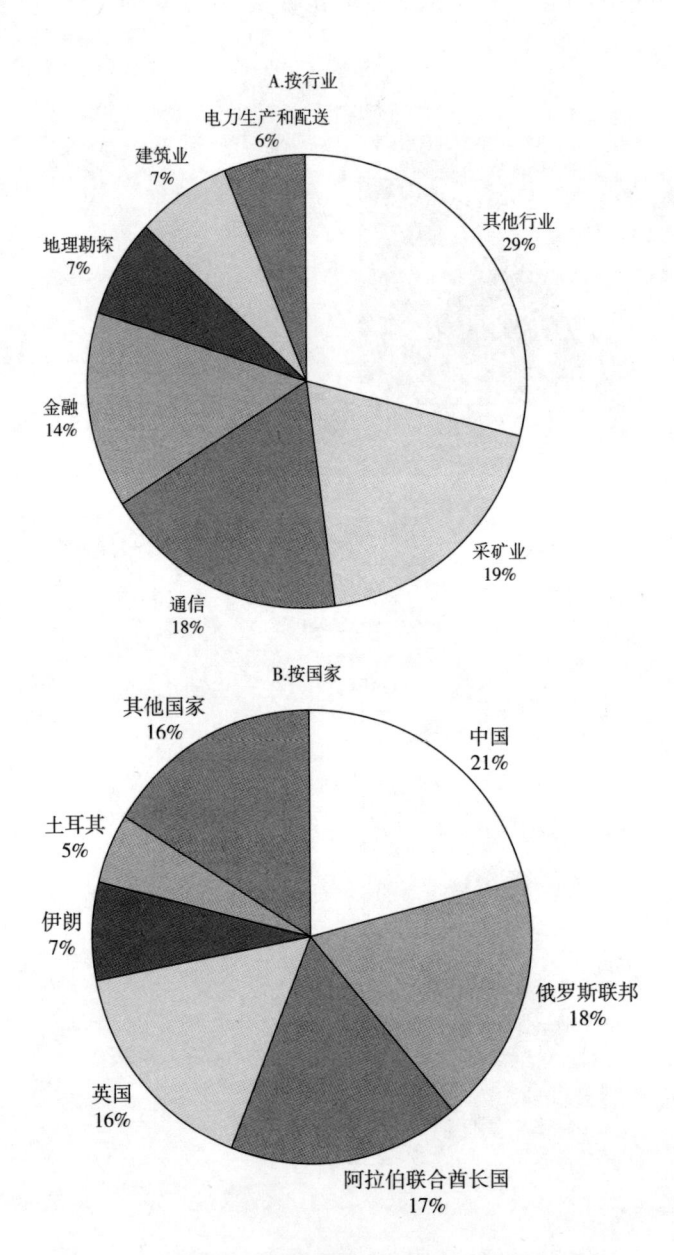

- 电力生产和配送 6%
- 建筑业 7%
- 地理勘探 7%
- 金融 14%
- 通信 18%
- 采矿业 19%
- 其他行业 29%

B.按国家

- 其他国家 16%
- 土耳其 5%
- 伊朗 7%
- 英国 16%
- 阿拉伯联合酋长国 17%
- 俄罗斯联邦 18%
- 中国 21%

图3.5 2012年塔吉克斯坦外国直接投资的结构

来源：塔吉克斯坦共和国国家统计局。

A.按行业

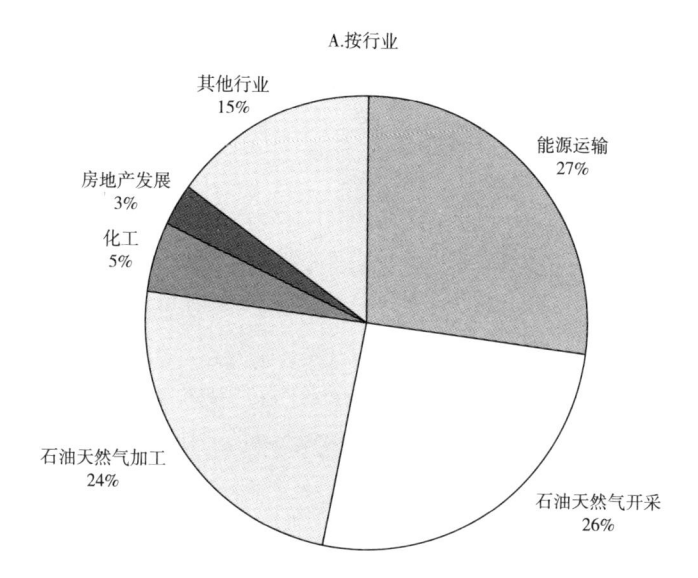

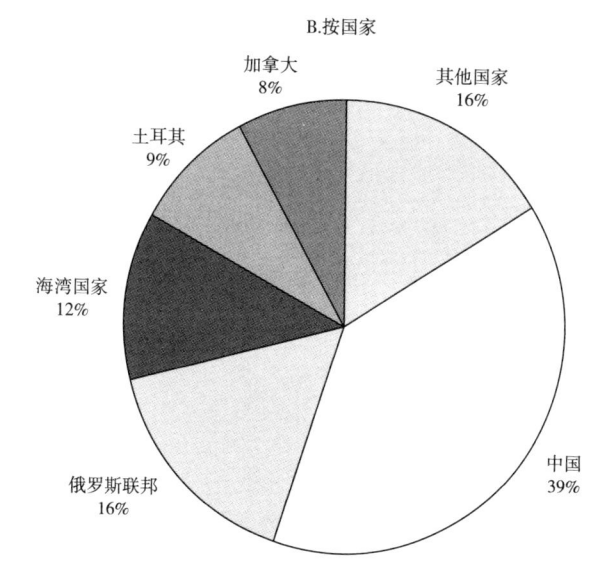

- 其他行业 15%
- 能源运输 27%
- 房地产发展 3%
- 化工 5%
- 石油天然气加工 24%
- 石油天然气开采 26%

B.按国家

- 加拿大 8%
- 其他国家 16%
- 土耳其 9%
- 海湾国家 12%
- 俄罗斯联邦 16%
- 中国 39%

图 3.6　2012 年土库曼斯坦外国直接投资的结构

来源：根据《金融时报》外国直接投资数据库（Financial Times FDI Intelligence）数据作者计算。

A.按行业

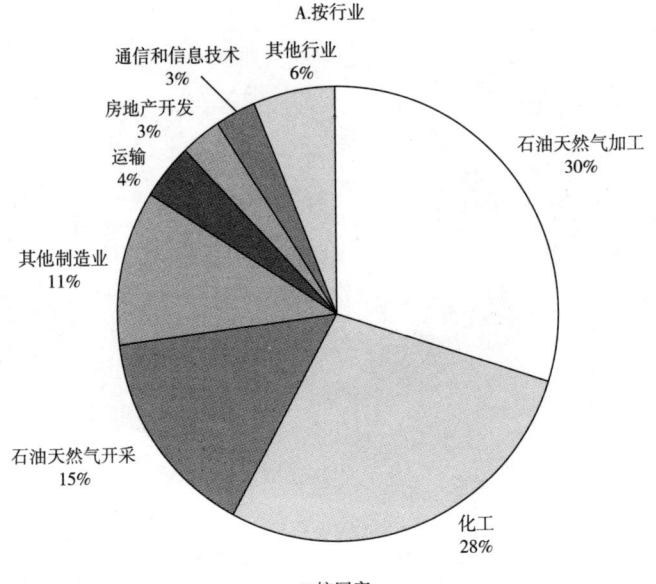

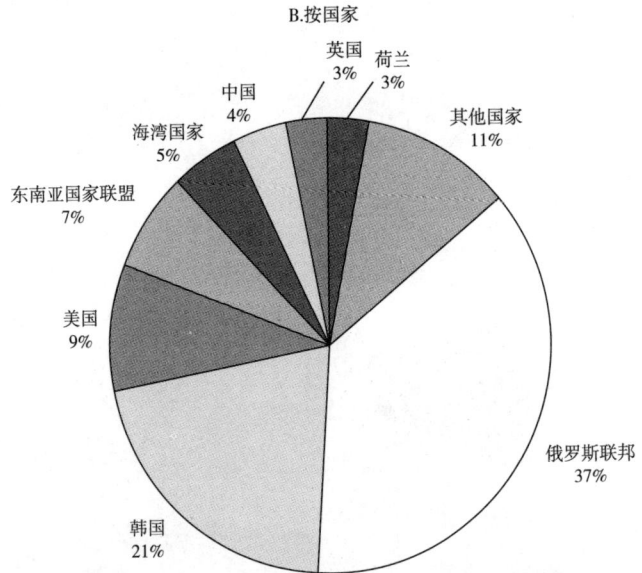

- 石油天然气加工 30%
- 化工 28%
- 石油天然气开采 15%
- 其他制造业 11%
- 运输 4%
- 房地产开发 3%
- 通信和信息技术 3%
- 其他行业 6%

B.按国家

- 俄罗斯联邦 37%
- 韩国 21%
- 其他国家 11%
- 美国 9%
- 东南亚国家联盟 7%
- 海湾国家 5%
- 中国 4%
- 英国 3%
- 荷兰 3%

图 3.7 2012 年乌兹别克斯坦外国直接投资的结构

来源：根据《金融时报》外国直接投资数据库（Financial Times FDI Intelligence）数据作者计算。

在哈萨克斯坦和乌兹别克斯坦，部分外国直接投资进入了制造业，包括机器制造、食品加工和纺织服装等行业。除塔吉克斯坦的水电站建设和乌兹别克斯坦的航空与铁路设施建设外，能源和交通的基础设施所吸纳的外国直接投资的比重相对较小。该地区的公私伙伴关系安排还处于初级发展阶段，农业部门吸收到的外国直接投资非常少，甚至为零。

欧盟、俄罗斯联邦和中国等中亚地区的主要经济伙伴同时也是主要的投资来源地，不过情况各不相同。欧盟（主要是荷兰①、英国和法国）是哈萨克斯坦最大的外国直接投资的来源地，但在其他四国的地位就相对较弱，只有英国还是主要投资者。

中国是土库曼斯坦（占总量的39%）、吉尔吉斯共和国（24%）、塔吉克斯坦（21%）等国的主要投资者，在哈萨克斯坦（8%）和乌兹别克斯坦（4%）也占有一席之地。目前，中国在中亚地区的直接投资在逐年增加，例如，2005年，中国在哈萨克斯坦和吉尔吉斯共和国的直接投资比重仅为3%和2%，到了2012年，这一比重分别上升到了8%和24%。在土库曼斯坦，来自中国的直接投资的比重从2009年的4%上升到2012年的21%。

俄罗斯联邦也是中亚国家最大的投资者之一。其在乌兹别克斯坦的外国直接投资中占比最高（总量的37%），在塔吉克斯坦（18%）和土库曼斯坦（16%）两国中的占比也相当高，在哈萨克斯坦（4%）和吉尔吉斯共和国（4%）的占比尽管较小，但不容忽视。

来自中亚地区之外的，在这一地区有较大投资份额的其他国家还包括美国、加拿大、土耳其、阿拉伯联合酋长国以及其他海湾国家。中亚地区的外国直接投资的另一大来源地是离岸司法管辖区（例如塞浦路斯、英属维尔京群岛、利比里亚和塞舌尔），尽管它们的作用已随着时间的推移不断下降。新加坡及其他东盟成员国和日本在哈萨克斯坦和乌兹别克斯坦有一定的投资，但不是这些国家的主要投资者。

根据哈萨克斯坦中央银行的数据（图3.8），哈萨克斯坦对外投资的部门和地理结构大体与外国直接投资流入类似。关键部门（总部活动、石油和天然气开采和冶金）和目的地（荷兰、英国、英属维尔京群岛）都说明哈萨克斯坦的对外投资与外国直接投资流入直接相关，可能是外国投资者回收利润的一种形式。因此，哈萨克斯坦对外投资的规模可能比名义上的数据要小得多②。尽

---

① 荷兰、塞浦路斯，以及一些离岸司法管辖区可能不是最终的来源地。通常俄罗斯联邦企业借助这些国家和地区的渠道向哈萨克斯坦投资（欧亚开发银行，2013）。
② 根据哈萨克斯坦中央银行的数据，在2006~2012年期间，从哈萨克斯坦流入荷兰的外国直接投资是235亿美元。同一时期的《金融时报》外国直接投资数据库（Financial Times FDI Intelligence）没有统计哈萨克斯坦对荷兰的原始投资项目。

管如此，哈萨克斯坦的企业在海外仍有许多积极的投资项目，包括哈萨克斯坦国家石油公司（KazMunayGas）与罗马尼亚石油集团（Rompetrol Group）在罗马尼亚合资的炼油项目价值43亿美元，还有一些在俄罗斯联邦、土耳其、吉尔吉斯共和国以及一些其他国家的小型贸易公司、银行和其他机构的投资。

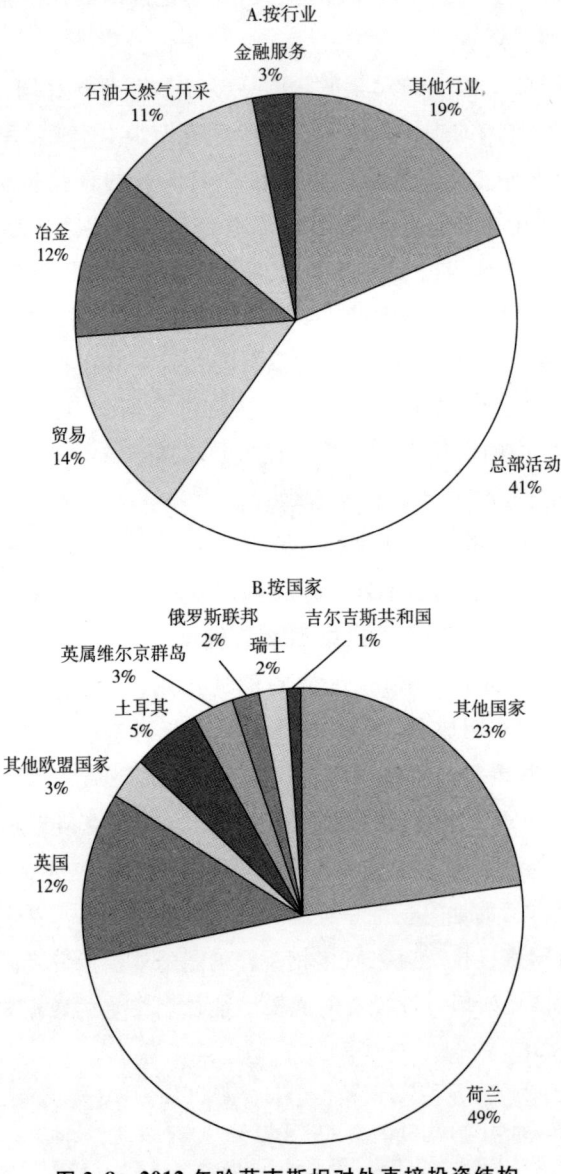

A. 按行业
- 金融服务 3%
- 石油天然气开采 11%
- 冶金 12%
- 贸易 14%
- 总部活动 41%
- 其他行业 19%

B. 按国家
- 俄罗斯联邦 2%
- 瑞士 2%
- 吉尔吉斯共和国 1%
- 英属维尔京群岛 3%
- 土耳其 5%
- 其他欧盟国家 3%
- 英国 12%
- 荷兰 49%
- 其他国家 23%

图 3.8　2012 年哈萨克斯坦对外直接投资结构

来源：哈萨克斯坦中央银行。

3.3　外国直接投资的经济效应

外国直接投资的动机

对外国直接投资的投资方和接受方在考虑投资项目时的动机进行分析，有助于了解外国直接投资的经济效应。有关外国直接投资的研究文献总结了一些典型的投资动机：追求资源、追求市场和追求效率（Dunning，1993）。追求资源动机源自东道国拥有自然资源、廉价的劳动力和（或者）物质基础设施。追求市场动机与投资者无法通过贸易手段达到开拓新市场的愿望有关，这种情况发生在对进口限制的行业或者非贸易型商品和劳务的部门。追求效率动机往往是出于资源型结构合理化或投资市场化的理性考虑，从而使投资公司可以在地理上分散活动，从共同治理中获得收益。跨境市场的充分开放是追求有效海外生产的必要条件，因此，有这种动机的外国直接投资往往是区域性市场一体化的一大特征。

对于外国直接投资的来源国家，至少有两个以上的不同动机：一种是国内资源匮乏，需要开发资源基地，或服务国内市场；另一种是技术营销环节和专业知识匮乏，必须建立投资项目的产品和销售体系。

前文中对中亚地区外国直接投资趋势和模式的分析表明，该地区所有经济体对投资者的核心吸引力在于该地区的自然资源：石油、天然气和金属。如上所述，狭义的自然资源处理和精炼项目占该地区外国投资总量的一半以上。反过来，外国直接投资流入这些行业与国际商品价格的快速增长有关，根据国际货币基金组织估计，在2003~2012年期间，能源和金属价格上涨了三倍以上。

劳动力似乎吸引不了太多的投资，劳动密集型产业（例如纺织业）吸收的外国直接投资的规模较小。当前在土库曼斯坦和乌兹别克斯坦的投资似乎更多是利用棉花的供应，而不是廉价的劳动力。中亚地区的劳动力成本较高是其中一个重要的原因。从2000年到2012年，中亚地区的汇率强势升值，乌兹别克斯坦、塔吉克斯坦和吉尔吉斯共和国的工人大量移居到俄罗斯联邦、哈萨克斯坦和其他国家，这些因素导致中亚地区的工资水平较高，因此，不利于鼓励劳动密集型产业领域的投资。

追求市场动机在中亚地区的表现使非流通服务业在外国直接投资组合中占据了很高的比重（见3.2节）。在这些行业中，特别是银行业，涌入了大量的外国投资者。它们或是与传统的商业伙伴合资，或是由原来运营自然资源或者其他行业的公司转变而来。而且，非流通行业的投资并没有直接依赖于自然资源行业的外国直接投资，因此对经济增长和接受国国内市场的开拓有着重要贡献。

追求市场型投资的原因之一是中亚地区的一些政府实施的贸易保护主义。那些受限制进口等保护措施的行业似乎没有吸引到很多的投资。只有一个广为人知的大型保护驱动型投资项目（大宇和通用汽车在乌兹别克斯坦的汽车厂），在20世纪90年代落地。自那以后，类似规模的其他制造业项目再没有出现过。

至于追求效率型的外国直接投资，很显然与亚洲其他地区有很大的区别。中亚地区几乎没有那种投资于全球供应链环节的项目案例。有一种解释认为，中亚地区因缺乏区域合作、交通基础设施差、边境通关难为人诟病。最近，哈萨克斯坦联合俄罗斯联邦和白俄罗斯联邦建立了关税同盟。从2010年启动以后，哈萨克斯坦和俄罗斯联邦的边境海关都被取消。现有的证据（ADB，2013b）表明，两国间的非关税壁垒已经有了大幅的减少①。这些进展有利于为那些追求效率型的投资项目创造条件。例如，一些俄罗斯企业可能会考虑将一部分业务转移到哈萨克斯坦，期望从更好的商业环境中获益②。这种投资的一个例子就是由俄罗斯联邦的AvtoVAZ公司（日产和雷诺合资成立的汽车制造商）和哈萨克斯坦的亚洲汽车公司合资在哈萨克斯坦的乌斯季卡缅诺戈尔斯克市建立的汽车制造厂。

一些外国直接投资的目的地的国民储蓄相当丰富（图3.9）。因此，除吉尔吉斯共和国和塔吉克斯坦会因为国内储蓄不足而产生吸收外国直接投资的动机之外，在另外三个国家，缺乏技术、专业知识和市场联系似乎是当地政府和企业对外国投资合作伙伴产生兴趣的更深层次的原因。当前依靠外国直接投资的行业通过技术和技能的转移过程，能够在未来实现更高

---

① 但是，哈萨克斯坦与中亚其他国家之间的壁垒并没有显著减少。
② 根据世界银行的2014年全球营商环境（Doing Business，2014）数据，哈萨克斯坦排名第50位，俄罗斯联邦排第92位。同样，根据2012~2013年全球竞争指数，哈萨克斯坦和俄罗斯联邦分别排第51位和第67位。

的本土化。尽管哈萨克斯坦和乌兹别克斯坦已经出台了类似的政策（如本土化要求），但很少有证据表明他们从技术和技能的转移过程中学习到多少。例如，哈萨克斯坦的石油和天然气行业吸收到了大量的外国直接投资，在过去十多年间该行业中的合资企业的比重有所增加（图3.10A），实际上，纯粹的生产本土化迄今还没有出现。同样，乌兹别克斯坦的汽车出口，对韩国的汽车零部件及配件进口的依赖并没有随着时间的推移而减少（图3.10B）。

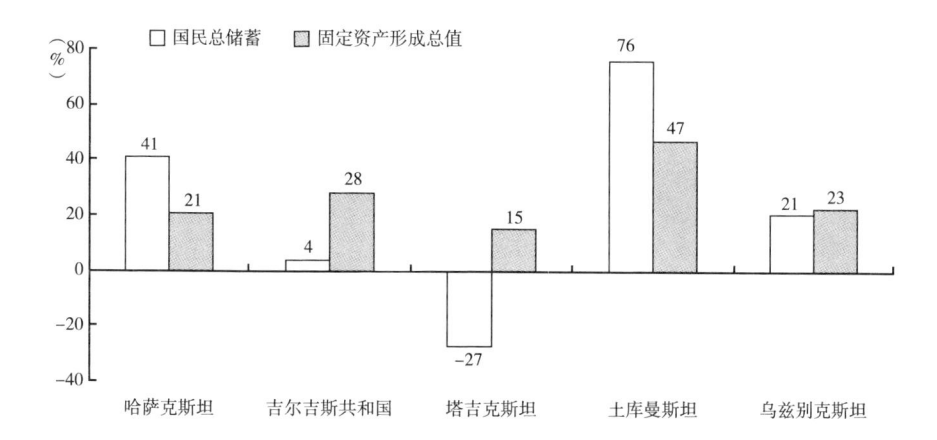

图 3.9　2012 年中亚地区的国民储蓄和投资

来源：根据世界发展指标。

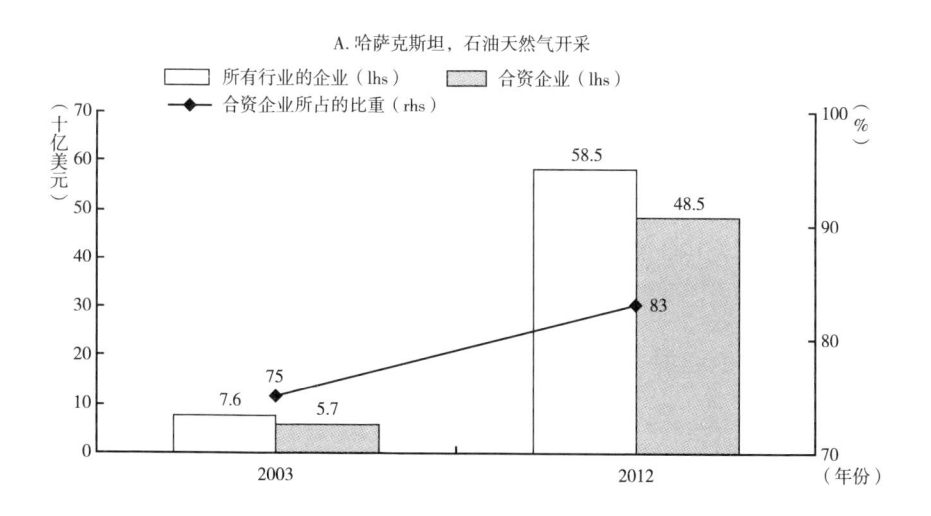

A. 哈萨克斯坦，石油天然气开采

B. 乌兹别克斯坦，汽车制造

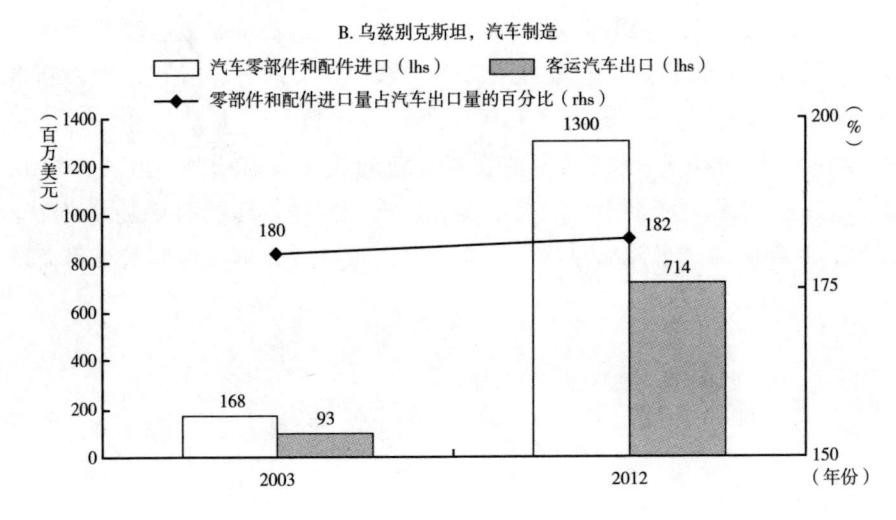

图中数据：
- 2003：汽车零部件和配件进口 168，客运汽车出口 93，零部件和配件进口量占汽车出口量的百分比 180%
- 2012：汽车零部件和配件进口 1300，客运汽车出口 714，零部件和配件进口量占汽车出口量的百分比 182%

图 3.10　外国直接投资流入的核心行业

来源：哈萨克斯坦统计局，乌兹别克斯坦统计局。

最后，投资回报率是推动外国直接投资的决定性因素。哈萨克斯坦、吉尔吉斯共和国和塔吉克斯坦这三个中亚国家的外国直接投资的回报数据可见于表3.4。由于外国直接投资回报波动较大，图3.11中的数据取自2006～2012年期间的平均值。各国的外国直接投资回报的差别也很大。哈萨克斯坦的投资回报率最高（25%），这对于任何投资都是非常理想的数值。根据世界发展指标和联合国统计署贸易统计数据，哈萨克斯坦的这项数据在全世界所有国家中高居榜首[①]，位列次席的是吉尔吉斯共和国，12.2%的投资回报率虽然没那么显赫，但仍然非常可观。回报率最低的是塔吉克斯坦，只有2.1%。值得注意的是，各国在外国直接投资存量上的排名相同。这些回报率严重依赖外国直接投资流入的行业，哈萨克斯坦的外国直接投资主要流入石油行业，塔吉克斯坦的外国直接投资主要流入发电行业，前者比后者更加有利可图。然而，政府政策允许或不允许投资者获取很高的回报率也有一定的影响。从长远来看，外国直接投资的投资回报率和存量之间存在明显的正相关。

外国直接投资的宏观经济效应

在3.2节已经讨论过，大多数中亚国家外国直接投资占比很高，这影响

---

① 参见 Sabyrova（2009）。

表3.4 部分中亚国家外国直接投资的基本收入

单位：百万美元

国家\年份	2005	2006	2007	2008	2009	2010	2011	2012
哈萨克斯坦	4633	7694	11305	16956	10415	17316	24892	24589
吉尔吉斯共和国	36	40	39	178	118	248	611	86
塔吉克斯坦	2	46	26	4	5	9	7	33

来源：世界发展指标。

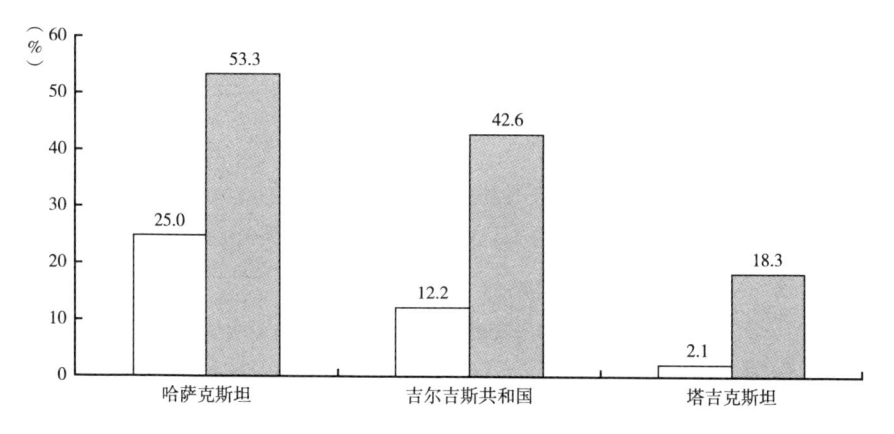

图3.11 2006~2012年中亚国家外国直接投资的平均回报率

来源：世界发展指标，联合国统计署贸易统计数据，塔吉克斯坦中央银行。

到了宏观经济的状况。对中亚经济体独立发展以来（1992~2012年）的外国直接投资与国内生产总值的比较研究发现，中亚所有五个国家的外国直接投资和国内生产总值之间存在着长期相关性（表3.5）。正如预测的那样，土库曼斯坦吸收的外国直接投资规模占GDP的比重最大（见3.2节），两者之间的关系也最强（统计上的显著性水平为1%）。该国的外国直接投资的长期弹性接近0.4，也就是说外国直接投资每增加1%，GDP会相应增长0.4%。塔吉克斯坦的外国直接投资与GDP之间的相关性最弱，相关性水平为10%，反映了该国的外国直接投资的流入较为一般，且不持续。

投资项目和经济增长之间存在着直接和间接的传导机制。企业接收外国直接投资，直接为国家的总产出、出口、税收收入和就业作出贡献。自然资源出口的增长（与外国直接投资有关）引起的外国直接投资和外汇的流入，会间接影响这些经济体的实际汇率、价格和工资。资源行业的外国直接投资

表 3.5　外国直接投资对 GDP 的长期弹性

国家	弹性	增广的迪基 – 富勒对协整检验	
		检验统计量	检验临界值（显著性水平）
哈萨克斯坦	0.25	-2.25	-1.95（5%）
吉尔吉斯共和国	0.10	-2.32	-1.96（5%）
塔吉克斯坦	0.13	-1.67	-1.60（10%）
土库曼斯坦	0.39	-3.59	-2.69（1%）
乌兹别克斯坦	0.32	-2.51	-1.96（5%）

来源：世界发展指标，作者计算。

可能会引发"荷兰病"（大宗商品高价格造成这些领域的过度投资，挤占其他行业的劳动力，从而带来工资提高和实际汇率升值），这已经在中亚地区出现了苗头（Egert，2013）。这种间接影响很重要，但在本报告中不予以讨论，直接影响才是我们关注的重点。

接收外国直接投资企业的经营业务数据已经在哈萨克斯坦、吉尔吉斯共和国和塔吉克斯坦出版（表 3.6）。这些企业对产出的贡献与外国直接投资存量相关，在各国表现不尽相同。在塔吉克斯坦，有外资参与的企业生产只占总产出（无法对行业进行分解）的 4%；而在哈萨克斯坦，外资企业的产出占工业总产出的 60%。吉尔吉斯共和国的外国直接投资存量介乎两国之间，外资企业在工业总产出中的比例超过 30%。在哈萨克斯坦和吉尔吉斯共和国，出口总额的 2/3 由外国直接投资的接受者所贡献。

表 3.6　2012 年外资参与的企业的作用指数（占总数的%）

	哈萨克斯坦	吉尔吉斯共和国	塔吉克斯坦
总产出	—	—	4.0
工业产出	61.0	32.6	—
出口	66.2	67.9	—
就业	5.4	2.6	—

注：— 数据不可得。
来源：哈萨克斯坦、吉尔吉斯共和国和塔吉克斯坦国家统计局。

外国直接投资企业对就业的贡献较小。在哈萨克斯坦，这类企业吸收的就业比例为 5.4%，在吉尔吉斯共和国是 2.6%。外国直接投资流入的大多是资本和/或知识密集型部门（例如采矿、地质探索、化学工业、通信和信息技术），因此，对直接就业的影响很小。根据《金融时报》外国直接投资情报数据库的有关数据，在中亚国家，这类企业每创造一个新的工作岗位，平均需要54.3万美元的外国直接投资。这一数值从哈萨克斯坦的58.6万美元到吉尔吉斯共和国的36.3万美元不等。该数据表明，在2012年，中亚总共700个投资项目，价值共计1060亿美元（相当于中亚地区GDP总量的35%），雇用了19.5万人（占所有五国劳动力总量的0.6%）。

外国直接投资企业的纳税数据不够完整，但即使就哈萨克斯坦和吉尔吉斯共和国零散的数据也足以说明，他们对政府预算作出了重大贡献。在哈萨克斯坦，石油工业是主要的纳税户，该行业中83%的产量是由外资参与的合资企业生产的（图3.10A）。2012年，该行业向哈萨克斯坦国家基金缴纳229亿美元[①]（占GDP的11.2%），其中的93亿美元转移为政府预算，占政府总收入的23.7%。在吉尔吉斯共和国，库姆托尔金矿是纳税大户。2012年，库姆托尔纳税额达到9670万美元（占总税收7.1%，或占GDP的1.5%）。

3.4　小结

中亚地区的一些国家（哈萨克斯坦、土库曼斯坦）致力于吸引大量的外国直接投资，这些经济体是世界上最主要的投资目的地之一。其他国家（塔吉克斯坦、乌兹别克斯坦）在吸引外国直接投资方面不太成功。

中亚地区的外国直接投资流动不稳定，似乎不遵循经济周期，其动态更多地依赖于执行大型投资项目的时间表。

大多数投资流入了中亚经济体的自然资源部门：碳氢化合物和金属的精炼、加工和运输。这些投资的一个重要驱动力来源于国际能源价格和其他初级产品的上涨。外国直接投资的其他处于增长中的目标是非流通服务行业，包括房地产开发、贸易、金融和通信。这些部门吸收外国直接投资的能力在最近几年迅速上升，直接或间接得益于自身及其邻国的资源繁荣。劳动密集型制造业和基础设施吸收的外国直接投资较少，而农业基本为零。

---

① 哈萨克斯坦国家基金是一只主权财富基金。其内容可访问哈萨克斯坦财政部网站（http://www.minfin.gov.kz）。参见Kemme（2012）。

中亚地区最重要的投资主体是欧盟、中国、俄罗斯联邦。在这些经济体中，中国在该地区的投资增长非常迅速。当中国、韩国、日本、东盟成员国的投资结合在一起的时候，显而易见，亚洲作为外国直接投资的资源和专业知识的来源地的地位显著上升。

外国直接投资进入中亚地区是为了寻找自然资源和新的市场。一些中亚国家似乎对投资者提供的技术和专业知识，比那些金融资源更感兴趣，因为它们拥有相当可观的国内储蓄。

外国直接投资与国内生产总值之间存在长期的正相关。主要的传导机制包括接收外国直接投资的企业的出口和税收，但对就业的直接贡献相对很小，因为外国直接投资大多流向资本密集型而非劳动密集型行业。

外国直接投资流入规模的决定性因素之一是这些经济体的投资回报率。它与外国直接投资的积累存量之间似乎存在很强的正相关性。换句话说，为了从外国直接投资中长期获益，政府必须允许投资者能够获利。

第四章

金融、基础设施、机构和其他联系

4.1 导论

本章研究中亚与经济中心之间的金融、机构和其他相关的联系。我们将继续紧扣本研究的主题：

(1) 从中亚计划经济的转型及其净收益；

(2) 从原苏联窠臼中向外发展。

本章包括金融流动、基础设施（港口、铁路、公路和通信）、贸易便利化、移民和汇款，以及促进区域合作和国际贸易的机制之间的联系。人口流动和知识转移，尽管也非常重要，但难以量化，因此不予涉及。

4.2 金融流动的模式

金融业是向市场经济转型过程中最重要的因素之一，也是最重要的挑战之一。在中亚地区，金融业的发展在时间和跨国间的两个层面上，都极不平衡。当前，中亚五国的金融部门在规模和组织结构上都有广泛的差异。哈萨克斯坦金融业最为发达且门类齐全，吉尔吉斯共和国和塔吉克斯坦的金融业不够发达，乌兹别克斯坦和土库曼斯坦的金融业国家参与度高[①]。金融行业

---

① 根据世界银行对 15 岁以上的人口在正规金融机构中开设至少一个账户的人员比例的粗略估算，这一指标在哈萨克斯坦是 42%，乌兹别克斯坦是 23%，吉尔吉斯共和国是 4%，塔吉克斯坦是 3%，土库曼斯坦是 0%。2011 年的数据可见于 http://datatopics.worldbank.org/financialinclusion/。

的政策影响到与邻国的融合，因为发达的金融业能够为国际交流提供便利，促进国际交流①，尽管更多的中央集权方式倾向于对不同合作伙伴实施不同的优惠待遇。

除哈萨克斯坦以外，中亚各国的金融部门都没有很好地融入全球金融市场。2005年前后，当房地产泡沫发生时②，哈萨克斯坦的银行开始向国外举债。2007年11月，意大利联合信贷（Italian Unicredit）收购了哈萨克斯坦ATF银行后，成为进入哈萨克斯坦的第一家外资为主的零售商业银行。2007~2008年间，哈萨克斯坦房地产泡沫破灭后引发了一次重大的银行业危机，2009年，国家基金出手挽救了绝大多数银行③。尽管发生危机，哈萨克斯坦的银行业仍然比中亚地区其他国家更为发达。2010年以来，白俄罗斯联邦、哈萨克斯坦和俄罗斯联邦联合组成关税同盟，刺激了俄罗斯联邦和哈萨克斯坦的银行业之间互相开拓跨境业务（见专栏4.1中关于哈萨克斯坦金融行业的介绍）。

2007年全球金融危机爆发以后，大宗商品价格大幅下降，2008年全球需求和国际贸易急剧下挫，一定程度上影响了中亚地区。乌兹别克斯坦的两大出口商品：棉花的价格从2008年3月的0.8美元/磅下降到11月的0.55美元/磅；同一时期，黄金从每盎司968美元下跌至每盎司760美元。油价从2008年7月的每桶149美元下跌至12月的每桶78美元。虽然天然气不在公开市场出售，可依据能源价格的走低调整合同。塔吉克斯坦的主要出口产品铝的价格，从2008年7月的每吨3070美元跌至2009年2月的每吨1340美元。其他矿产价格也有所下降，例如，铜的价格从2008年7月的每吨8410美元跌至12月的每吨3110美元④。价格波动暴露出中亚经济仍然严重依赖少数初级产品出口，当全球价格在2009年回暖时，中亚经济体迅速走出低谷。

---

① 资本流动的限制越少，能够更加有效地实现跨境有效配置，促进经济增长，但也会加剧波动性，抑制宏观经济的独立性。

② 房地产繁荣造成了高利率，吸引了外国资金并使之坚信利率稳定和银行存款担保。这与以往的危机非常相似，如1997年7月的泰国（Krugman，1998）。主要区别在于哈萨克斯坦在国家基金中已经储备了大约400亿美元，用来挽救银行，确保汇率不至于崩溃。

③ 2009年2月，哈萨克斯坦国有公司Samruk - Kazyna耗资2121亿坚戈收购BTA（该国最大的信贷机构）75%的股权。2009年5月，耗资269亿坚戈收购Halyk（第二大银行）20.9%的股份，耗资360亿坚戈收购Kazkommertsbank（第三大银行）21.2%的股份。2010年1月，政府耗资1290亿坚戈完全收购了Alliance Bank（第四大银行），将其中67%的股份拨给了Samruk - Kazyna，其余部分给了该银行的债权人。

④ 价格可参见http：//www.indexmundi.com。

第三章已经分析过包括外国直接投资在内的国际金融流动。在中亚地区，外国投资进入自然资源行业的情况差别较大。只有哈萨克斯坦对外投资量很大，包括国家基金的投资组合。中国越来越积极地参与到基础设施建设中，成为近年来投资流量的一个重要来源，尤其是从土库曼斯坦和哈萨克斯坦西部到中国新疆维吾尔自治区的石油和天然气管道项目。自从2013年9月习近平主席访问中亚以来，中国的投资组合越发多元化，开始进入生产企业。

专栏4.1 哈萨克斯坦金融业的竞争性

金融业是哈萨克斯坦的主导产业之一，其主体是银行：2014年1月1日，38家金融机构拥有银行经营许可证，其中17家有外资参股。

国家基金积累的石油收入、经济增长增加的银行存款、强制性保险体制的引入，以及完全积累型养老金制度的建立，都得益于金融业的发展。截至2007年，银行信贷已经上升到GDP的56%，达到中亚历史最高水平。21世纪初，银行业成为经济发展中仅次于石油行业的增长第二快的行业。2003年以来，Kazakh银行通过收购当地的银行或者开设办事机构，将业务活动扩展到了俄罗斯联邦、吉尔吉斯共和国、乌兹别克斯坦、乌克兰、格鲁吉亚、塔吉克斯坦和蒙古国等。同时，哈萨克斯坦的银行业吸收了大量来自俄罗斯联邦（俄罗斯联邦储蓄银行、俄罗斯联邦外贸银行和阿尔法银行）、意大利（联合信贷）、韩国（韩国国民银行）、土耳其（隶属于以色列工人银行集团的Bankpozitif Kredi ve Kalkinma）、中国（中国银行和中国工商银行）、印度（旁遮普国家银行）和阿联酋（Alnair Capital投资公司）等国的境外投资。

全球金融危机前，除采矿业以外，哈萨克斯坦私营部门的发展严重依赖于银行从国际资本市场获得低成本的信贷，1999年到2008年的十年，信贷增长了50倍[a]（根据哈萨克斯坦中央银行的数据）。相对较低的利率和对信贷组合质量过于乐观的评估结果，导致信贷大量地流入房地产和服务公司，扭曲了经济结构，助长了2004~2008年期间的房地产泡沫。风险贷款是2008~2009年的经济衰退和银行业困难的决定因素之一。2012年，银行贷款规模下降到了GDP的33%。不良贷款比例居高不下（根据哈萨克斯坦中央银行的数据大概在33%），这仍然是该国银行业的主要挑战之一。

哈萨克斯坦与白俄罗斯联邦、俄罗斯联邦结成关税联盟（从2015年1月1日起，更名为欧亚经济联盟）以及可望加入世界贸易组织，使得该国金融部门的区域和全球竞争力显得更为重要。根据全球竞争力指数（GCI）所显示的哈萨克斯坦金融业的竞争优势和劣势（World Economic Forum, 2013），哈萨克斯坦在148个国家中排名第50位（GCI 2013-2014），但在"金融市场发展竞争力"指标中仅排第103位。金融业面临的主要挑战来自银行的稳健性、地方股权交易市场融资以及合法权利。不过，哈萨克斯坦胜过关税联盟的其他成员：白俄罗斯联邦没有进入世界经济论坛（WEF）的评估，俄罗斯联邦的金融业的总体水平仅排在第121位（图B4.1）。

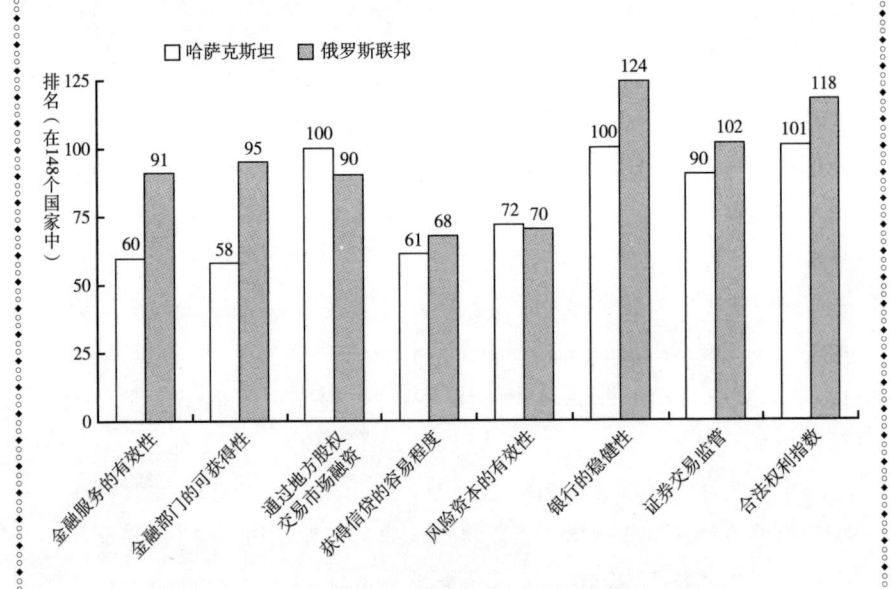

图B4.1　2013~2014年全球竞争力指数中的哈萨克斯坦和俄罗斯联邦的金融市场发展

来源：世界经济论坛（2013）。

> 政府希望打造阿拉木图区域金融中心，为哈萨克斯坦金融业注入了重要的动力。目前，根据"全球金融指数2015"（Z/Yen Group, 2014），它在全球83个全球金融中心排名第58位，在亚洲金融中心排名第13位。然而，哈萨克斯坦的一些大公司，如JSC KazMunaiGaz Exploration and Production（石油，天然气）、Kazakhmys PLC（铜）、ENRC PLC（有色金属及其他采矿业）、哈萨克斯坦JSC Halyk 储蓄银行和SC Kazkommertsbank 等都已经登陆伦敦证券交易所，并没有在阿拉木图上市。
>
> a：参见 http：//www.nationalbank.kz/（访问日期：2014年5月5日）。

第二个主要的发展来自汇款的重要性上升，它已成为自20世纪90年代内战爆发以来塔吉克斯坦经济的一大特征。进入21世纪初，汇款对塔吉克斯坦、吉尔吉斯共和国和乌兹别克斯坦越来越重要。大量的移民在俄罗斯联邦工作，少数在哈萨克斯坦，尤其是在与乌兹别克斯坦接壤的哈萨克斯坦地区（哈萨克斯坦南）和吉尔吉斯共和国境内（阿拉木图）。在4.6节将分析汇款的水平和后果。

中亚五国的国际金融流动程度的差异相当大（表4.1），尽管模式有时被连年的波动所掩盖，数据也不完整①。占绝对优势的外国直接投资流入了哈萨克斯坦（2012年达到151亿美元）和土库曼斯坦（2012年达到32亿美元）。2012年，乌兹别克斯坦仅吸收到10亿美元多一点的外国直接投资，吉尔吉斯共和国只有4亿美元，塔吉克斯坦只有2亿美元（见第三章）。汇款流入塔吉克斯坦（2012年达到34亿美元）和吉尔吉斯共和国（2012年

---

① 2006~2007年间，哈萨克斯坦的组合资本流入量很大，尽管哈萨克斯坦的银行对外国债权人的欠款总额尚不清楚。根据《金融时报》的数据，2007年10月，哈萨克斯坦银行的国际借款总额为400亿美元，不过，据更保守的估计，2008年银行的外债规模大约为120亿美元。这些流量在外国投资者意识到资产泡沫后，迅速变为负值。从俄罗斯联邦和中国流入大量的商业利率和补贴利率的贷款，尽管报告的都是承诺数，而非实际流量。2013年，中国石油天然气总公司购买了哈萨克斯坦的Kashagan油田8.33%的股份，具体金额没有披露。连接塔吉克斯坦和吉尔吉斯共和国的公路和土库曼斯坦的天然气管道的建设资金都不是通过商业途径，尽管这些项目显然具有经济价值。2013年9月，习近平主席访问中亚地区时曾经承诺过提供500亿美元的能源和基础设施项目的资金。

达到 23 亿美元），在这两个国家，汇款收入超过了出口收入。在哈萨克斯坦，由于经济繁荣从其他中亚国家大量吸纳劳动力，汇款成为主要的资本流出（2012 年达到 38 亿美元）。相形之下，官方发展援助的流量就很小，贸易融资的作用也有限，因为初级产品出口都是走期货合约或者现货市场，只有制成品的进口以现金交易为主。根据亚洲开发银行的数据，2010 年以来，乌兹别克斯坦的贸易融资流量在最高年份都没有超过 2.5 亿美元（比官方发展援助要少）①。

表 4.1 2012 年主要的国际金融流动

单位：十亿美元

国家	外国直接投资	汇款	官方发展援助
哈萨克斯坦	15.117	0.171	0.130
吉尔吉斯共和国	0.372	2.308	0.473
塔吉克斯坦	0.198	3.362	0.394
土库曼斯坦	3.159	n.a.	0.038
乌兹别克斯坦	1.094	n.a.	0.255

注：n.a. 数据不可获得。

汇款收入被认为对乌兹别克斯坦非常重要，尽管不如塔吉克斯坦和吉尔吉斯共和国。

来源：外国直接投资见第三章；汇款数据见世界银行 www.worldbank.org/migration（访问日期：2014 年 1 月 13 日）；官方发展援助见 OECD，http：//www.oecd.org/dac/stats/idsonline.htm（访问日期：2014 年 1 月 13 日）。

4.3 金融包容性

正如第二章讨论的，要扩大中亚与经济中心的国际贸易，迫切的政策挑战似乎来自对新产品、市场和潜在的贸易伙伴的认同。政府主要的工作必须支持国外新市场开发，但新产品和市场的开拓也要求减少政策方面的限制，更好地获得信贷以及对新增业务和正规行业创业活动的支持（Abdih and

---

① 亚洲开发银行的贸易融资项目（TFP）支持商业银行提供贸易融资，乌兹别克斯坦是 2010 年最早一批的参与者之一（Beck et al.，2013）。2013 年 12 月，TFP 已经推广到 18 个亚洲开发银行成员，包括塔吉克斯坦与哈萨克斯坦 2013 年加入。乌兹别克斯坦是六大参与者之一，已经开展了 125 笔交易，涉及贸易金额达到 8.39 亿美元。见 http：//www.adb.org/news/uzbekistan/adb - partners - two - uzbek - banks - trade - financeprogram（访问日期：2014 年 1 月 14 日）。这个数字发生在 2010~2013 年期间，不包括来自乌兹别克斯坦以外的贸易融资的价值。

Medina，2013）。令人鼓舞的是，近年来中亚各国政府更加注重引导外资进入自然资源以外的行业，并试图实现经济的多元化。

中亚地区通过提高现有出口企业的生产力，鼓励新企业进入出口市场来扩大国际贸易。新企业可能有助于提升出口的产品空间（Barabasi et al.，2007），降低出口风险。此外，中亚地区各国政府和区域性政策议程应努力帮助中小企业克服进入市场的沉没成本。这方面的政策可以包括面向中小型企业实施基础广泛的、有针对性的贷款以及出口促进政策。

由于中亚地区的绝大多数生产商和企业仅面向国内市场，因此该地区的贸易增长的潜力巨大（表4.2）。中小企业获得更多的信贷将有助于产品升级，提高加入生产网络（间接的和直接的出口）的机会，克服进入国外市场的沉没成本障碍。一个有广泛基础的、针对国内企业的信贷计划，如果能够提供低利率、抵押品要求简易可行、贷款申请程序方便有效的信贷，将有助于企业，特别是那些目前的非出口企业。

表4.2　有关出口企业的比重和信贷可获性的调查

	哈萨克斯坦	吉尔吉斯共和国	塔吉克斯坦	乌兹别克斯坦
调查企业的数量	544	505	360	366
产出比例（%）				
国内销售	98.2	92.0	95.6	96.1
间接出口	0.8	2.2	0.6	1.9
直接出口	1.0	5.7	3.6	2.0
无法申请新借款和贷款额度的主要原因（%）				
不需要借款，成立时资本充足	61.7	50.6	60.6	51.5
申请借款或贷款额度的程序烦琐	4.3	11.6	5.3	16.0
利率不够优惠	25.4	23.2	20.4	11.6
贷款或信用额度抵押要求遥不可及	2.0	7.9	6.2	6.7
贷款规模和成熟度不够	0.9	3.1	4.9	5.6
认为不会被批准	—	1.2	0.9	1.1

注：— 表示数据不可获得。
该调查在哈萨克斯坦（2009年）、吉尔吉斯共和国（2009年和2013年）、塔吉克斯坦（2008年）和乌兹别克斯坦（2008年）进行。
来源：作者根据企业调查（国际金融公司）计算。

4.4　基础设施和交通

1992年，中亚地区几乎所有的物流运输都是北通俄罗斯联邦的。在20世纪90年代，新独立国家的重点都放在交通网络的"国有化"上，地区性的连通则处于一个次要的位置。尽管有限的数据使比较国家间的基础设施质量有些困难，但有证据表明，中亚地区要想提高与其他亚洲经济体的竞争力，必须做得更多（表4.3）。本节将介绍和分析改善中亚地区基础设施建设和包括石油和天然气管道在内的交通设施的效果。

表 4.3　中亚地区的基础设施质量

国家	总体基础设施的质量	公路	铁路	港口	机场	电力供应
哈萨克斯坦	4.5	2.8	4.4	2.7*	4.1	4.8
吉尔吉斯共和国	3.4	2.5	2.5	2.7*	3.1	2.7
亚洲其他国家						
中国	4.3	4.5	4.7	4.5	4.5	5.7
韩国	5.6	5.8	5.7	5.5	5.8	4.3
印度	3.9	3.6	4.8	4.2	4.8	3.2
印度尼西亚	4.0	3.7	3.5	3.9	4.5	5.2
泰国	4.5	4.9	2.6	4.5	5.5	5.2
马来西亚	5.5	5.4	4.8	5.4	5.8	5.8
菲律宾	3.7	3.6	2.1	3.4	3.5	4.0
越南	3.4	3.1	3.0	3.7	4.0	4.0

注：1表示状况最差，7表示状况最好。

*哈萨克斯坦和吉尔吉斯共和国是内陆国家。在世界经济论坛的年度调查中，基础设施质量是衡量全球竞争力的指标之一。该分数是在对148个经济体进行的一项调查中根据企业领袖们的意见形成的。

来源：世界经济论坛（2013）。

创造国家网络

在苏联经济中，各加盟共和国的边界几乎不具备交通联系上的意义。新独立的中亚国家发现国内人口中心之间的联系往往跨越了国家界限。例如，塔什干-撒马尔罕（Tashkent - Samarkand）公路穿越了哈萨克斯坦，奥什-贾拉拉巴德公路（Osh - Jalalabad）穿越了乌兹别克斯坦，从土库曼斯坦的卡尔基市（Karki）出发的火车只能去乌兹别克斯坦。为了避开那些国际新线路，政府修建了绕开那些国外路段的支线，它们的地位要低于国内线路。例如对奥什－比什凯克公路（Osh to Bishkek）、阿什哈巴德－达什科古兹（dashkoguz）公路、杜尚别－苦盏（Dushanbe to Khujand）公路等路段的升级改造，虽然巩固了国家内的运输联系，但却分散了国际的联系。

20多年后，航空网络在国内交通中的优势地位尤其明显。哈萨克斯坦、乌兹别克斯坦等国的国内城市间的连通更加完善，但中亚国家首都之间的互联状况却没有较大的改善，更别说二线城市之间的连通了（这在欧洲已经非常普及了）。陆路交通的区域内合作对中亚内陆国家有益，因为他们所严重依赖的进口和出口都要经过其他国家。信息共享可以提高物理基础设施的规划和技术能力。

区域合作

尽管中亚国家已在区域伙伴和双边关系上达成了诸多文本类的协议，但是有关基础设施建设和交通的地区合作在20世纪90年代和21世纪前十年还极为有限（ADB，2006；UNDP，2005），甚至在面对环境灾难时，如咸海的破坏，也鲜有合作。

尽管中亚五国之间实质性的地区合作还处于最低限度，但多边组织一直保持这方面的努力。一个重要的形式就是中亚区域经济合作计划（Central Asia Regional Economic Cooperation，CAREC），参与者包括亚洲开发银行、欧洲复兴开发银行、国际货币基金组织、伊斯兰发展银行、联合国开发计划署、世界银行等。另一个是中亚经济体特别计划，由联合国的两个相关地区委员会进行协调（联合国亚洲及太平洋经济社会委员会和欧洲经济委员会）。

CAREC举办了一个高层官员讨论贸易、交通和贸易便利化等议题的峰会。2007年和2008年两届部长级会议通过了一个关于扩大六条主干道的交通和便利化战略，从而最终打造成一条"经济走廊"。该战略还包括一个监测穿越边境关卡和通行走廊所需要花费的时间和金钱成本的计划。

走廊的绩效评估与监测（The Corridor Performance Measurement and Monitoring，CPMM）的月报和年报反映了边境走廊的通关时间和货币成本[①]。

---

① CAREC走廊的绩效评估方法在联合国亚洲及太平洋经济社会委员会开发的时间－成本－距离法的基础上，通过与货运代理协会的联合定期监测，代替了特别个案研究，在2012年年报的3194个样本中，80%是公路运输，17%是铁路运输，3%是多式联运。

一些基础设施的物理条件良好，例如塔什干－别伊涅乌走廊（Tashkent - Beyneu corridor，通往柏林的 E40 公路的一部分）改造升级后，绝大部分路段可以达到时速 60 公里，部分路段甚至可以达到时速 100 公里。但在 2012 年，哈萨克斯坦边境通关耗时平均要花费 30 个小时，乌兹别克斯坦则要花费 14 个小时（CAREC，2012：24）。这已经是部分道路改造升级后的典型状况，贸易便利化基本没有改善。实际上，许多过境点要耗费的时间会更长，除了俄罗斯联邦和哈萨克斯坦之间的情况要稍好（见 4.7 节中关于关税同盟的介绍）。

最长的延误往往发生在货运量最大的边境走廊。从中国途径哈萨克斯坦去往俄罗斯联邦和德国的铁路穿越中哈边境时，在中国边境上平均需要 353 个小时，在哈萨克斯坦的边境上需要 54 个小时（CAREC，2012：21）。在边境之间分配时间十分困难，因为一旦在哈萨克斯坦入境发生延误，会被中国边检记录在案，关税同盟在中国出口的产品入境方面的强硬立场影响了 2012 年的数据。从重庆开往杜伊斯堡的货运专列没有发生长期的延误，因为它装备了方便变轨的特殊装置，简化了过境手续。显然，只有获得大力的支持才可能实现贸易便利化，然而这种支持往往都是特事特办。

油气管道

油气管道是最受瞩目的基础设施项目。20 世纪 90 年代，从土库曼斯坦到伊朗建成了一个小型的天然气管道。然而，那时候的能源价格低廉，外国投资者对于昂贵的管道项目的热情很低，中亚的出口主要被俄罗斯联邦石油运输公司（Transneft）垄断。随着世界能源价格开始上涨，形势发生了巨大的变化。2001 年，第一条民营管道从哈萨克斯坦田吉兹（Tengiz）油田通往黑海。2005 年，巴库－第比利斯－杰伊汉（BTC）输油管道为哈萨克斯坦的石油打开了一个俄罗斯联邦以外的出口，从这里可以装船运往巴库的 BTC 终点。这与阿克套（Aktau）港的升级联系在一起，它同时也是一个粮食出口的港口。后来，中国开始投资油气管道建设，2009 年将哈萨克斯坦的里海油田与中国的管道网络连接在一起。

天然气管道的多元化进程一直比较慢，但在 2006 年以后明显加速。中国修建了一条从土库曼斯坦途经乌兹别克斯坦和哈萨克斯坦，再到中国西部的管道。这也许是三个中亚国家政府间区域合作的最佳典范，乌兹别克斯坦和哈萨克斯坦从中收取中转费用，顺便利用管道搭售自己的一部分天然气。中国在这个项目中展示出了谈判能力,并在 2009 年之前交付项目,令世人刮目相看,让俄罗斯联邦沿里海海岸管道或欧盟支持的纳布科管道相形见绌。随着生产的新发展,天然气的价格走低,液化天然气的运输成本也因为科技而下降,那些还未实施的项目现在只能无限期地搁置了。拥有海上港口的天然气生产商(如卡塔尔、澳大利亚等)的地位上升,为内陆地区的油气生产商修建新管道的吸引力明显下降①。

欧亚大陆桥

近年来,中亚地区已日益被视为一个强邻环伺的地区,而非一个弱势的内陆地带②。全球经济的变化,尤其是更为复杂的全球和地区产业链的出现,彰显出它的地区优势(与金砖国家——巴西、俄罗斯联邦、印度和中国——中的后三者为邻)。

欧亚大陆桥的铁路连接凸显贸易成本和全球产业链之间的关系。经过 2010 年和 2011 年的试水后,定期从中国重庆开往德国杜伊斯堡的"渝新欧铁路"于 2013 年正式通车,为中国西部企业(如惠普、宏碁和富士康等)出口欧盟市场提供了一个具有吸引力的价格和时间解决方案,又能帮助欧洲企业(如大众、奥迪、宝马)将部分经营活动转移到中国③。中国在 2010 年实施的"西部大开发战略",包含了通过提高与西部邻国之间的跨境贸易发展大西部的寓意(Summers,2013)。从成都、郑州分别开往欧洲的铁路线路也正在建设当中。

中国提出开通从上海途径阿斯塔纳 2 天内到达柏林的高铁线路服务的建议,不过以其国内高铁网络的运行速度来看,似乎不太具有说服力。中国国内正在建设一条通往乌鲁木齐的高铁线路,并在那里建设一个大型的新终点站,计划在 2014 年竣工。

未来十年内中亚仅仅只是从这些发展中收取过境费,还是要利用长途运输的连接来培育经济,这一问题的答案取决于如何利用更好的交通助力中亚

---

① 可以说明交付模式的相对吸引力发生转变的一个很好的例子就是俄罗斯联邦计划通过海路运输北极地区出口的天然气,而不是修建东亚市场的管道,尽管会遇到冰川带来的季节性难题。

② 对中亚地区的内陆现状引发的问题的分析可见于 Raballand(2003),Grafe, Raiser, and Sakatsume(2008),Cadot, Carrère, and Grigoriou(2006),and Grigoriou(2007)。Linn(2004)最早指出了中亚地区位置潜在收益。

③ Böcking(2013)and Bradsher(2013)提供了第一手的资料。

参与到全球产业链，从而提高营商环境的吸引力，降低贸易成本（专栏4.2）。需要注意的是，虽然公路、铁路、港口和管道的基础设施硬件正在升级，但是这些投资的效率受到区域合作的缺失和基础设施软件匮乏的因素破坏，接下来会进行讨论。

专栏4.2 乌兹别克斯坦的地区性交通运输枢纽

2006年，乌兹别克斯坦政府开始改建纳沃伊机场（Navoi），以提高其能力，并把它转换成一个国际机场。2008年，根据乌兹别克斯坦航空公司和大韩航空公司达成的协议，纳沃伊建成了一个多式联运和物流枢纽。从2009年1月起，这个合资公司享受到了多项优惠，在2013年后协议又往后顺延了5年[a]。

2009年4月，开通了第一次货运航班。目前，乌兹别克斯坦航空公司和大韩航空公司运营纳沃伊机场多趟货运客机，包括空中客车A300-600F、波音777F、波音747-400F。机场现在可以同时满足服务三架满载的运输机（例如B747-400F）同时降落，每天超过20架客机着陆，每年的吞吐量达到10万吨。该中心目前正在连接21个国际目的地，包括仁川、米兰、布鲁塞尔、伊斯坦布尔、迪拜、新德里和天津等地的主要机场和物流中心。

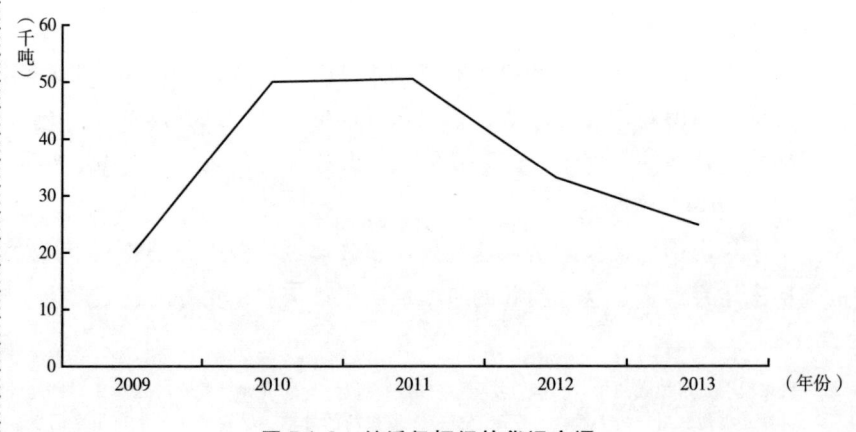

图B4.2 纳沃伊枢纽的货运交通

来源：纳沃伊机场管理方。

纳沃伊的货物运输量从 2009 年的 1.9 万吨稳步上升到 2011 年的 5 万吨以上[b]，但是，2012 年下降到 3.33 万吨，2013 年继续下降到 2.5 万吨[c]。纳沃伊枢纽管理方相信，这只是全球经济衰退造成的暂时下降。全球航空运输市场在 2011 年到 2013 年间出现萎缩（IATA，2014），预计在未来几年逐渐恢复后会有进一步增长。2013 年，乌兹别克斯坦航空与大韩航空续签纳沃伊国际机场下一个 5 年合作协议时，曾宣布计划将纳沃伊枢纽目前的 10 万吨的吞吐量提升到 30 万吨。纳沃伊枢纽有以下几大优势：

1. 该枢纽地处多条东西走向和南北走向航线的交叉点，这意味着连接纳沃伊可以减少部分航运的运输成本。例如，从东南亚经过纳沃伊到欧洲的航线比经转迪拜要缩短 1000 公里，可以节约 1.5 小时的飞行时间和 15 吨的燃料（对于波音 747 型飞机）。

2. 纳沃伊机场毗邻 E-40 公路。这条公路是中亚区域经济合作走廊的一部分[d]，也是欧洲和中国之间的最短连接之一。铁路可以通到波斯湾、黑海和波罗的海的港口。古佐尔-拜松-库姆库尔干（Guzar-Baysun-Kumkurgan）铁路可以把阿富汗、巴基斯坦和印度联系起来（2007 年开始运营）。

3. 纳沃伊接近乌兹别克斯坦的历史中心，包括布哈拉（Bukhara）、撒马尔罕（Samarkand）、希瓦（Khiva），能够吸引来自世界各地的国际游客。

4. 纳沃伊方圆 2000 公里之内，有 10 个首都（省会）城市，总人口规模达到 9000 万。

5. 纳沃伊国际机场的年均客流量从 2007 年的 2586 人次上升到 2010 年的 45274 人次。

6. 纳沃伊枢纽连接纳沃伊自由工业经济区（Free Industrial Economic Zone，FIEZ，2008 年建立）。这是政府的旗舰举措之一，目的在于吸引外国投资进入制造业，促进出口。在园区内注册的公司享有优惠的税收和关税、简化的外国人入境和居留制度，以及特殊的货币管制制度。这些优惠政策从 2013 年 12 月开始实施。目前，自由工业经济区已经进驻了大约 20 家企业，主要是电子技术、通信设备、机械、计算机、医药等行业。

  a：乌兹别克斯坦总统法令（PP-1027），2008 年 12 月 31 日。
  b：见纳沃伊国际机场管理方的官网，http://www.navoi-airport.com/ru/#ru/content/corporate/facts_figures/（访问日期：2014 年 6 月 14 日）。
  c．见 http://podrobno.uz/cat/economic/uzbekistan-uvelichit-moshnosti-haba-navoi/（访问日期：2014 年 2 月 28 日）。
  d：http://www.adb.org/countries/subregional-programs/carec.

4.5 边境之内和贸易便利化

  有关中亚地区交通、运输和贸易的报告（ADB，2006）的中心内容都强调基础设施建设的硬件和软件两方面的重要性。贸易的阻碍不仅来源于糟糕的公路路况和有限的铁路线路，还有过境点的长时间耽搁和其他货运障碍。CAREC 在克服那些共同的障碍方面起到了一定的作用，但过境时间依然过长。

  中亚国家在营商便利指数上的排名过低，进一步证实了该地区国际贸易成本过高。根据世界银行 2014 年全球营商便利指数报告中的排名，在"跨国界交易"类别中，中亚国家在全球 189 个国家和地区的排名中垫底：吉尔吉斯共和国排名第 182 位，哈萨克斯坦排名第 186 位，塔吉克斯坦排名第 188 位，乌兹别克斯坦排名第 189 位（土库曼斯坦没有排名）；在整体的"营商便利指数"中，这四个国家的排名略有提高：哈萨克斯坦排名第 50 位，吉尔吉斯共和国排名第 68 位，塔吉克斯坦排名第 143 位，乌兹别克斯坦排名第 146 位。这意味边界入境确实是个大问题（表 4.4）。这个排名应该引起重视。营商便利指数的排名靠后，说明中亚地区的政府还没有把降低国际贸易成本放在优先考虑的位置。

  其他流行的排名更是没有把中亚国家完全覆盖在内，反映出该地区没有很好地融入全球经济中。世界经济论坛的《全球竞争力报告》中统计了 148 个国家和地区，中亚国家中只有哈萨克斯坦和吉尔吉斯共和国，分别排第 50 位和第 121 位。这么弱势的排名反映出两国虽然有比较好的贸易政策，

表 4.4 中亚地区的营商便利指数

国家	营商便利度[a]	
	总体	跨境贸易
哈萨克斯坦	50	186
吉尔吉斯共和国	68	182
塔吉克斯坦	143	188
土库曼斯坦	n.r.	n.r.
乌兹别克斯坦	146	189

注：n.r 没有排名数据。
a. 在 189 个国家和地区中的排名。
来源：World Bank Doing Business 2014（http://www.doingbusiness.org/rankings）。

但落实不力，两国都面临着腐败这一主要问题[①]。一项针对哈萨克斯坦和乌兹别克斯坦两国中的 108 家企业的调查，涉及制造业、农业、交通运输业等多个行业，揭示了非正规壁垒，尤其是"市场割裂"和"对国外市场缺乏了解"是制约出口的主要障碍[②]。

过境延误、营商指标中显示的境内贸易高成本与欠发达的国内金融行业，都反映出改善基础设施软件的迫切需要。外部援助可以而且已经促进了基础设施硬件的升级。官僚机构臃肿、海关通关缓慢，以及法律法规执行的基础性工作等诸多问题，都必须通过国内政府和区域合作两方面来解决。

4.6 移民流动和汇款

虽然 20 世纪 90 年代以来俄罗斯联邦在中亚地区贸易伙伴关系中的重要性下降，对运输线路的垄断也就此终结，但是它依然保持着重要的经济伙伴的地位。尤其是从中亚地区向俄罗斯联邦的劳动力流动非常频繁，汇款成为

[①] 这份报告可见于 http://www.weforum.org/reports/global-competitivenessreport-2013-2014。中亚国家在透明国际腐败观感指数（Transparency International Corruption Perceptions Index）中的排名也很惨淡，在全部 176 个国家和地区中，哈萨克斯坦排第 140 位，吉尔吉斯共和国排第 150 位，塔吉克斯坦排第 154 位，土库曼斯坦和乌兹别克斯坦并列排在第 168 位，仅排在伊拉克、利比亚、南苏丹、苏丹、孟加拉国和朝鲜之前。参见 http://cpi.transparency.org/cpi2013/results/。

[②] 2014 年 1 月 15 日，Roman Vakulchuk and Farrukh Irnazarov 在亚洲国家经济学家网络（Asian International Economists Network）上发表的报告，见 http://aienetwork.org/blog/56/overcominginformal-trade-barriers-in-central-asia。

塔吉克斯坦和吉尔吉斯共和国重要的国际收支项目①。两国也因为这层关系而加入了关税同盟。2015年升级成欧亚联盟（Eurasian Union）后，联盟内的劳动力流动将更加自由，移民享受的待遇也更优厚。随着哈萨克斯坦经济的快速增长，逐渐拉大与中亚其他国家在GDP上的差距，因而成为第二波移民重要的流入国，长期移民和短期劳工越过乌兹别克斯坦边境进入哈萨克斯坦南部，或者从吉尔吉斯共和国边境进入阿拉木图。

世界银行2012年的移民和汇款数据显示，塔吉克斯坦当年的汇款达到了33.62亿美元，吉尔吉斯共和国当年的汇款为23.08亿美元（表4.1），分别占各自国家GDP的44.2%和31.33%，在这个指标上分别名列世界首位和次席。汇款可以直接或间接地支持经济发展。直接效应体现为汇款可以用于小型企业和移民子女教育上的生产性投资，间接效应体现在通过金融机构更安全地转移资金，取代了以前通过亲朋好友或者快递工人来交付现金，从而促进了金融业的发展。

移民产生了经济和社会后果。在短期内，汇款为贫困家庭提供了一个重要的应对机制。在国家层面上，它支撑能源贫瘠国的进口收入超过其出口收入。Birkman等（2012）的研究充分证实了吉尔吉斯共和国汇款流入和贸易赤字之间的关系。从长期来看，移民可能将掌握的技术带回祖国，或者留居海外造成活跃劳动力的"人才流失"。如果失业的年轻人前往国外寻找工作，那么会产生积极的社会后果，但是从长远来看，家庭分裂、社会结构扭曲会产生更为严重的消极后果。例如，塔吉克斯坦的许多村庄只剩下老幼妇孺了。

> **专栏4.3 塔吉克斯坦的劳动移民**
>
> 20世纪90年代中期，塔吉克斯坦国内冲突不断，经济严重衰退，造成近15年来大量的劳动力移居国外。国内缺乏薪资合适且稳定的工作迫使塔吉克人向外移民。2005年（官方首次有了可靠的移民

---

① 根据吉尔吉斯共和国的官方统计，2011年，该国移出人数为45.7万，其中41.6万在俄罗斯联邦工作。然而，EBRD（2012，4）宣称，"专家预测"上述规模应该在100万以上。ILO（2010）预测2012年塔吉克斯坦的劳动力移民规模在50万~80万之间，官方统计数据是877355人。但是广泛认为这一数字应该超过100万。世界银行预测相关国家在2010年的移民规模：吉尔吉斯共和国是621076人，塔吉克斯坦是791618人，乌兹别克斯坦是1954660人。

数据），经济移民的规模达到41.21万人，截至2013年，这个数字已经增长到77.94万人（Kosimova，2014）。非官方估计的经济移民数量高达100万。大部分的塔吉克斯坦移民离开他们熟悉的工作和职业，在俄罗斯联邦的建筑行业寻找不熟练的工作。

由移民工人寄回家的汇款的影响十分深远，它是塔吉克斯坦经济发展和减少贫困的核心驱动力。

最近有关塔吉克斯坦的劳动力移民的研究揭示了它与俄罗斯联邦经济现状的联系，尤其是在2008~2009年经济危机的背景下，以及对国内劳动力市场和移民及其家庭社会保障的长期影响。Danzer and Ivaschenko（2010）发现，从塔吉克斯坦到俄罗斯联邦的移民数量会随着家庭开始送出一个以上的成员前往海外寻找就业机会的情况的出现而上升。他们认为，由于不确定性和风险引发的预防性储蓄措施，移民汇款在2009年比2008年减少了1/3多。Marat（2009）设想在经济危机期间，移民们不得不前往俄罗斯联邦的远东和北方地区寻找新的就业目的地。Umarov（2010）呼吁塔吉克斯坦的决策者要更加关注汇款减少的动态和影响。他将劳动力移民的消极影响与所谓的"荷兰病"作比较，也就是说由于被汇款人可以坐享其成，也就没有努力工作的动力。

尽管人们普遍认为汇款对塔吉克斯坦有益，例如，Olimova（2010）详细分析了汇款影响经济的渠道非常有限。2009年，超过一半以上的汇款被用于消费，60%以上家庭的一半以上的收入依赖汇款（ILO，2010）。根据According to Olimova（2014）的研究，保持目前的移民模式会高估劳动力移民的短期效益，可能对国家的长期发展不利。

要想更好地分析、反映现实情况，需要改善中亚地区的劳动力市场和劳动力统计。汇款数据隐藏在中亚经济劳动力和资本流出和流入的非官方渠道中。尽管农业部门的就业依然非常重要，但该行业中的劳动登记制度与非正规化的工作状态可能会导致中亚地区就业再分配模式的扭曲。

4.7　机构联系与区域合作

随着1991年苏联解体、中央计划体制转型，20世纪90年代对中亚来说是一个分崩离析的十年（ADB，2006）。21世纪的前十年，受石油和天然气、矿物质（包括金、铜、铝等）和棉花（不那么显著）等商品的国际价格上涨的驱动，中亚经济的国际贸易增长显著，即使如此，该地区在政策引导方面依然鲜有实实在在的成绩。贸易方向发生明显变化，特别是中国作为合作伙伴的重要性日益上升。

从2010年开始，几个重大变化的发生把贸易带回到了区域政策议程。俄罗斯联邦和塔吉克斯坦分别于2012年和2013年加入了世界贸易组织，哈萨克斯坦和乌兹别克斯坦还在进行入世谈判，土库曼斯坦甚至还没有获得世界贸易组织观察员的席位。2010年，俄罗斯联邦、白俄罗斯联邦和哈萨克斯坦组成关税同盟，很快，它们鼓励吉尔吉斯共和国和塔吉克斯坦等其他欧亚经济共同体（Eurasian Economic Community，EurAsEc）成员加入，这将从根本上深化一个共同的经济空间的安排。

世界贸易组织

世界贸易组织通过提供一个基于规则的多边贸易体制，支持成员的对外开放。世贸组织的贸易谈判论坛，提供一整套有关贸易谈判、争端调节、贸易统计和信息，以及世界贸易组织协议谈判和执行的相关课程等。虽然在过去的十年中，世贸组织的贸易对话进展缓慢，使其贸易谈判的功能受到关注，但世贸组织的其他职能对中亚经济是有利的。

表4.5　世界贸易组织现状：中亚国家及其邻国

国家	申请时间	加入时间
哈萨克斯坦	1996	—
吉尔吉斯共和国	1996	1998
塔吉克斯坦	2001	2013
土库曼斯坦	No	—
乌兹别克斯坦	1994	—

续表

国家	申请时间	加入时间
邻国		
中国	1986	2001
印度	创始成员	创始成员
伊朗	1996	—
俄罗斯联邦	1993	2012
乌克兰	1993	2008

来源：世界贸易组织网站，www.wto.org。

吉尔吉斯共和国和塔吉克斯坦分别于1998年和2013年加入世界贸易组织（表4.5）。在漫长的申请等待后，哈萨克斯坦和乌兹别克斯坦依然没有完成入世流程，这也许归因于有限获益与主权损失交织在一起的观念。土库曼斯坦仍没有提出世贸组织成员资格的申请。

开放是经济持续增长的基础，不过如果没有良好的制度，它的影响有可能是有限的，甚至是负面的。对于一个正在参与全球经济的国家来说，加入世界贸易组织的意愿，在于向贸易伙伴承诺遵守国际贸易法则，在贸易伙伴违反法规的时候，可以诉诸争端解决机制①。成员的普适性（159个成员和24个申请者）和原则的协商一致构成了世界贸易组织的合法性基础。

区域协议

中亚国家之间已经签署了许多贸易协定，但影响极其有限（Kulipanova，2012）。截至2005年，当最后一个中亚国家协议也被纳入欧亚经济共同体中（EurAsEc）时，三大区域协议秘书处都设在了中亚之外的地区：欧亚经济共同体秘书处在莫斯科，经济合作组织在德黑兰，上海合作组织秘书处在北京②。中

---

① 1995年，关税与贸易总协定（GATT）过渡到世界贸易组织，其中一项重大改变是争端解决机制的确立，为世界贸易规则提供了更加有效的工具，帮助一国防范贸易伙伴大国经济权力的滥用。自1995年以来，已处理了400多起纠纷，许多来自中等收入国家的申诉（例如，巴西25起，墨西哥21起，印度19起，阿根廷15起，韩国15起）。在多起诉讼中，欧盟或美国成为被告（并且经常败诉，从而带来一个政策或实践的改变）。完整的诉讼列表，参见 http://www.wto.org/english/tratop_e/dispu_e/dispu_status_e.htm。

② Pomfret（2009），Laruelle and Peyrouse（2012）对涉及中亚各国的各种区域协定进行了分类和分析。上海合作组织十分活跃，但在很大程度上是在非经济领域。独联体国家内部存在一个密集的贸易协定网络，但实施效果很难评估（Idrisov and Taganov，2013，表1）。

亚区域经济合作组织（CAREC）和中亚经济特别计划（SPECA）的区域合作是由多边机构进行协调的。

由哈萨克斯坦、俄罗斯联邦与白俄罗斯联邦组成的关税同盟是1991年以来意义最为重大的区域一体化行动。该协议于2009年11月签署，2010年建立了统一的外部关税和海关代码，2011年7月，取消了成员国共同边界上的海关管制。在考虑了俄罗斯联邦关税权重的基础上统一了对外关税：俄罗斯联邦的关税税种中，82%保持不变，14%调低，4%有所增加；哈萨克斯坦的关税中，45%保留，10%降低，45%提高（Libman and Vinokurov, 2012：49）。提高外部关税同时允许从俄罗斯联邦进口免税，是应对贸易转移和贸易破坏的良药。此外，非关税壁垒，比如新设计的卫生和植物检疫规则，使吉尔吉斯共和国的农产品出口到哈萨克斯坦的难度提高（Djamankulov, 2011）。更加严格地监控关税同盟的外部边界，不利于从吉尔吉斯共和国和中国向哈萨克斯坦的非正规的或者难以监管的出口①（Mogilevskii, 2012b）。从经济的角度来看，这样的贸易转移和贸易破坏对哈萨克斯坦是消极的，因为它进口的费用会更高，同时选择会更少（Pomfret, 2001）。

为什么哈萨克斯坦要走这一步？Libman和Vinokurov（2012）强调俄罗斯联邦的经济实力复苏，对以俄罗斯联邦为中心的区域贸易协定有着重要的长期吸引力，2008年金融危机对防御性的伙伴关系具有短期的刺激。Mogilevskii（2012a：33）发现关税收入出现了即期的上升，2011年至少增加了14亿美元。Laruelle和Peyrouse（2012：44 - 45）发现文献已经证实哈萨克斯坦在短期内会获益，但外国投资、技术和知识转移的流动下降会产生长期的消极影响。

2012年，俄罗斯联邦加入世贸组织，提出包括大幅削减关税（到2020年平均关税降至8%），消除部分贸易非关税壁垒，书面说明其他影响贸易

---

① Laruelle和Peyrouse（2012：44）高度概括了关税同盟对吉尔吉斯共和国的巨大影响体现在充当了中国产品的再出口平台。他们的报告估计吉尔吉斯共和国的批发交易商的数量在2010～2011年间下降了70%～80%。CAREC的报告（2012：38 - 39）认为，货车离开哈萨克斯坦进入俄罗斯联邦的平均过境时间从2011年的7.7小时至2012年的2.9小时，而从关税同盟以外的地区进入哈萨克斯坦的平均过境时间相应地从8.6小时增加到21.5小时，其中"排队等待"的时间占大头。

的非关税措施的承诺①。所有这些政策的执行，将会在事实上改变关税同盟统一的对外商业政策。关税同盟对哈萨克斯坦的损害很小。理论上，关税同盟是一个次优安排，可能会也可能不会改善许多关税的进展状况，但会弱于非歧视的贸易自由化。实证证明，当关税同盟和自由贸易区建立起一个藩篱林立的保护性市场，它是有害的；只有当他们降低外部保护，通过贸易促进措施专注于整合内部市场，才会是有益的（Pomfret，2001）。

2012年1月，"共同经济空间"横空出世，其目标包括创造一个商品、服务、劳动力和资本的共同市场；货币、金融、税收政策的协调；发展统一的运输、能源和信息系统；国家支持创新和优先行业发展的体系的统一。2012年，欧亚经济委员会成立，这个超国家的执行机构由各国副总理组成。

"共同经济空间"的发展深度和广度有多大？从超越贸易的角度来看，也许会对较贫穷的中亚国家有特别的意义，它们将从规范移民工人的地位，解决他们的养老金权益等事项中受益。吉尔吉斯共和国和塔吉克斯坦都已经是欧亚经济共同体的成员，最有可能紧随欧亚经济共同体第六个成员亚美尼亚成为关税同盟的新成员②。这些国家都是世界贸易组织的潜在新成员。如果哈萨克斯坦最终确定加入世贸组织，这将会加快开放的步伐，克服排外的地域主义。

从内陆到地理上的得天独厚

许多观察家都感叹，中亚的内陆地位阻碍了经济发展。但是，该地区又具有被富有活力的经济体包围的优势，紧邻三个金砖国家；与日本、韩国和东盟等亚洲国家距离并不遥远，往西便是土耳其和欧盟。

中国与中亚的贸易持续增长源自经济互补性的基础。中国进口原材料

---

① 俄罗斯联邦加入世界贸易组织的最终报告长达758页，不包括对商品和服务的特殊承诺等附件中的内容。除此以外，它包含了外国投资者待遇规则，对扭曲贸易的农业补贴的限制（世界贸易组织术语中的"琥珀盒子"），知识产权规则以及公共采购和对外贸易体制的透明度。Shepotylo 和 Tarr（2012）计算，2020年，俄罗斯联邦完成过渡期后，加权平均关税将会为8.2%，适用税率为7.6%。

② 目前，吉尔吉斯共和国政府正与关税同盟的治理主体欧亚经济委员会商谈加入关税同盟的路线图，主要障碍来自吉尔吉斯共和国对世界贸易组织承诺的关税和关税同盟的外部关税的一致性问题。根据 WTO Trade Policy Review（2013：25），吉尔吉斯共和国的关税中，30%的税种与关税同盟的规定一致，21%的税种可以在不违反 WTO 承诺的前提下进行调整，49%的税种需要根据 WTO 条款进行重新谈判（并可能因此需要向受影响的世界贸易组织成员进行补偿），直到达成一致。

（主要是石油、天然气、矿产等），出口制成品到中亚。主要路线是从那些法律规范不健全、进口报告混乱的地区途径吉尔吉斯共和国，再出口到吉尔吉斯共和国的邻国。这一中间贸易已经受到了关税同盟收紧外部边境的威胁，因吉尔吉斯共和国进入关税同盟之后参与到收紧同盟与乌兹别克斯坦的边境而进一步加剧。对中国与中亚的未来报以更加积极的看法来自中国增长的内部动力。中国在全球价值链中扮演着重要的角色。要想这些网络繁荣发展下去，必须要有一个较低的贸易成本，无论是金钱上的还是时间上的。中国出口的制成品主要是在东部沿海省份生产的，但近年来政府已实行"西向"政策，像四川省和直辖市重庆这样的地区，现在正在蓬勃发展。正如前面所述，中国重庆和德国的杜伊斯堡之间正在规划建设一条正式的铁路运输线，运输零部件和制成品的速度比海运快，成本比空运更便宜（见先前的讨论）。未来几年正是中亚国家厂商在全球价值链中确立地位的机遇期。

中亚地区自视为连接欧洲和亚洲的十字路口或者欧亚的核心。这体现在该地区国家都是联合国两大区域性机构（亚洲及太平洋经济和社会委员会，欧洲经济委员会）的成员国，主办欧洲和亚洲的地区性会议，以及参与欧洲和亚洲的体育赛事等。在经济领域，这一愿景在阿斯塔纳"绿色桥梁"倡议中表露无遗。该倡议在2010年10月举办的亚洲和太平洋环境和发展部长级会议上获得通过，并于2011年9月阿斯塔纳举办的泛欧洲会议"欧洲环境"上被批准。

"绿色桥梁"设想中亚地区的"桥梁"作用体现在：
- 欧洲和亚洲及太平洋之间；
- 商业和环境之间；
- 发达国家和发展中国家之间；
- 科学和实践之间；
- 经济增长和自然资源的保护之间；
- 知识产权和普遍获得性之间。

4.8 小结

中亚地区与俄罗斯联邦、中国之间的经济关系的变化，高度反映了比较优势、贸易便利化、区域协议以及汇款等因素在过去20年及可预见的未来对中亚贸易水平和方向的关联作用。初级产品出口仍然十分重要，是增加与中国这一互补的、紧邻的经济体之间贸易的强大驱动力。劳动力流动可能继续,特别是从吉尔吉斯共和国、塔吉克斯坦和乌兹别克斯坦移民到俄罗斯联邦和哈萨克斯坦这样劳动力稀缺的富裕经济体。外国投资可能集中在能源和矿产等行业,但世界价格上下波动,且难以预测。经济的多样化将会是经济持续增长的坚实基础,其重要的前提条件是要提高跨境贸易的便利性和交通运输的区域合作。

由于大多数中亚国家及其邻国都成为世贸组织成员,它们将如何参与全球经济?它们会参与到俄罗斯联邦提出的紧密的区域协议中吗?这样一来会阻碍它们与其他亚洲和欧洲国家发展更紧密的关系吗?或者它们能从提高运输便利化、创造富有活力的经济走廊、连接东亚和欧洲中获得蓬勃发展,融入全球价值链吗?

第五章

政策内涵与结论

5.1 概要

20世纪90年代,中亚五国都经历了一次深刻的经济衰退和痛苦的体制转型,在2000年以后,终于迎来了良好的经济增长期。哈萨克斯坦和土库曼斯坦迈入了中上等收入国家的行列,乌兹别克斯坦现在是一个中下等收入的国家。吉尔吉斯共和国和塔吉克斯坦仍在低收入国家之列,但在未来2~3年内有望上升到中下等收入国家行列。

所有五个国家的增长是由资源出口、市场服务和政府服务的外溢效应驱动的。最近的繁荣与2000年以来国际商品的价格上涨和石油、天然气、金属的生产以及运输到出口市场的高利润直接相关。出口越来越集中在少数几类产品:碳氢化合物、金属和棉花。在中亚大多数的国家中,制造业和农业占国内生产总值的比重下降。

采掘行业及相关服务(例如地质勘探和管道运输)吸引了大量的外国直接投资,导致了石油、天然气资源丰裕的国家(哈萨克斯坦、土库曼斯坦以及乌兹别克斯坦的小范围地区)出口扩张迅猛。在这些国家中,国际商品价格、外国直接投资、出口和国内生产总值增长之间存在很强的相关性。油气矿藏不够丰富的国家(吉尔吉斯共和国和塔吉克斯坦)吸引的外国直接投资极少(尤其是塔吉克斯坦),出口增长的表现不尽如人意。但是这两个国家和乌兹别克斯坦通过劳动移民获得石油资源丰富的邻国俄罗斯联邦和哈萨克斯坦的汇款,仍间接受益于石油的繁荣。

中亚所有国家的国际经济流动(贸易、外国直接投资和汇款)具有高度的地理集中度。中国、欧盟和俄罗斯联邦（在不同国家和流向上有不同的组合）是主要的出口目的地和进口、外国直接投资和汇款的来源地。2000年以来，地理多元化中最值得关注的是中国作为所有中亚国家的主要经济伙伴的地位不断上升。此外，其他亚洲伙伴（韩国、日本、海湾国家和东盟）所起的作用较小，尽管它们仍然对一些国家和外部流动很重要。

大量流入的出口收入、汇款和伴随着高通胀的外国直接投资，使得中亚各国货币大面积的、实质性的升值，促进实际工资的增长和贫困的减少，但也导致了非贸易行业的快速扩张和货物与服务的进口增长。消费品和食品构成进口的主要部分。中亚各国参与全球价值链，主要限于自然资源和劳动力的供应，更复杂的中间或最终环节几乎不在该地区进行。

中亚地区的国家已经致力于改善它们的交通基础设施，以提高它们与外部世界之间的连接。一些协调工作正在进行，特别是在CAREC的保护伞下沿交通走廊。然而，中亚地区缺乏一般意义上的稳定的区域合作，阻碍了贸易便利化的进程。所有五个国家的贸易成本都很高。最近，该地区的政策变化——俄罗斯联邦和塔吉克斯坦加入世界贸易组织，除土库曼斯坦之外的所有国家都加入了独联体国家自由贸易区，白俄罗斯联邦、哈萨克斯坦和俄罗斯联邦组成关税同盟——为区域合作创造了机遇和风险。

5.2 政策含义

当前，基于矿物资源出口的经济发展模式，催生了21世纪初以来普遍的、积极的成果，但也和高风险联系在一起，使其容易遭受不可控的冲击。国际大宗商品价格在很长一段时间居高不下，最终可能会下降，导致与自然资源相关的出口、外国直接投资和汇款的萎缩，从而对产出、家庭收入和政府收入产生不良后果。不难理解，经济多元化已经成为所有中亚国家政策议程中的中心议题，其成本和受益问题值得进一步研究。

多元化要求产品转型，具备在国内、区域和全球市场中的竞争力。而要增强在这些市场中的竞争力，则必须对内深化改革：改善治理和经营环境，提高对基础设施的硬件和软件的投资，以及提供更好的教育和健康服务。较低的通胀也有助于竞争，这需要谨慎使用货币政策，但更重要的是需要完善结构性政策，以提高竞争力，降低交易成本。

融入全球贸易体系对那些渴望成为更多产品的生产商和出口商的国家来说至关重要。贸易地理多元化与产品多元化息息相关，高效的生产商要有世界级的产出和全球竞争力。随着哈萨克斯坦有望于2014年或2015年加入世界贸易组织，中亚地区只剩下土库曼斯坦和乌兹别克斯坦这两个国家仍然游离于世界贸易组织成员之外。值得注意的是，当前保护国内市场免于进口冲击的成本似乎已经很高了，如果推迟重要的改革，付出的代价只会更高。逐步淘汰一些保护措施，保留与世界贸易组织成员的通常形式和水平协调一致的措施，应当予以系统地计划和执行。

区域贸易优惠协定可能有助于中亚经济的多元化。其有用性与缔约者之间的贸易便利化能力呈正相关，而与协定所产生的贸易转移的程度呈负相关。由此看来，独联体国家自由贸易区是有百利而无一害的，因为它通过设立一套与世界贸易组织一致的规则，强化了中亚地区与传统的合作伙伴之间业已存在的机制。

关税同盟更具争议性。哈萨克斯坦和俄罗斯联邦之间的海关边境的撤销带来了贸易便利化的改善，而哈萨克斯坦与非成员国之间进口关税的提高，海关管理更加严格，从而造成贸易转移。这样的正反两面的案例在最近的实践中比比皆是。对于吉尔吉斯共和国和塔吉克斯坦，将劳动力移民议题整合到加入关税同盟的路线图中十分重要。如果关税同盟不能提高它们的移民在哈萨克斯坦和俄罗斯联邦的劳动力市场中的地位，这两个国家将需要评估失去非正规贸易的成本是否要高于关税同盟内市场导向的行业发展可能带来的不确定受益的问题。

开发新的、更先进的产品需要投资，包括国内的投资和外国直接投资。所有政府都出台了吸引外国直接投资的政策，但这其中许多政策的随意性很大，意味着为了从政府给予的各种不同类型的特权中受益，投资者需要开展与政府长期的、成本高昂的谈判。这实际上就是一种选择机制，迫使投资者只对利润最丰厚的活动（开发自然资源，很少一部分的制造业或农业）和大型项目感兴趣，因而无法鼓励外国投资者进入中亚地区的知识密集型或劳动密集型行业，即使他们能够带来新的技术、产品和市场。

实际直接投资额与投资预期回报率直接相关，这意味着（i）必须允许投资者获得利润；（ii）提供一个良好的法律环境，降低项目失败的概率，避免资产充公、合同重新谈判或者政府无偿索取与项目相关的商品和服务等一系列风险。普遍认为，这样的风险目前在一些中亚国家实在是太高了，要想降低这种风险，必须要广泛地致力于更加友好的营商环境和更好的治理。这些与外国直接投资有关的问题是中亚普遍的问题之一：法律只停留在文本上，需要更有效的执行。

公共政策需要相关部门的国家能力建设。由于技术和专业知识转移是外国直接投资带来的最重要的收益之一，要想承接这种转移，使外国直接投资的前景具有吸引力，就必须对国内工人进行教育和培训。同时，发展必须具有包容性。向制造业或者服务行业的转型，为受过教育的工人提供工作岗位的同时，也不应该将那些目前受雇于非正规贸易或半自给农业的人员排斥在外。

进一步发展交通基础设施，是加快中亚融入全球经济的一个重要前提。然而，光有基础设施硬件是不够的。该地区物流现状导致贸易成本居高不下，且不可预测，因此必须改善跨境和多式联运的管理，在技术和管理上达到现行标准和规范，废除那些会对货运方单边支付构成勒索的人为障碍。

20世纪90年代，中亚所有五个国家的主要体制都经历了中央计划体制向市场经济转型的过程，尽管每个国家的特点各不相同。进入21世纪后，必要的改革已不需要那么激烈，而是要进一步深入，在难以达成共识、存在明显的受益方和受损方的情况下，很难实现快速的变化。为了实现社会成本最小化，各国需要避免突然的政策变化（例如加入关税同盟后大幅提高进口关税，或者加入世界贸易组织后大幅降低进口税），鼓励劳动密集型企业（而非资本密集型）的发展，例如，通过公共收入支出补贴，降低工资税。

此外，石油天然气出口国需要加强金融包容性和社会安全网，这些可以从石油和商品收入基金获得资助。中小企业需要获得信贷，以帮助它们升级生产设施，加入生产网络，克服进入国外市场的沉没成本障碍。广泛的、针对国内企业的信贷计划，包括利率低、抵押品要求易实现、贷款申请过程效率高等特点，非常有必要，尤其对中亚的非出口公司。

最后，政策应该尽可能保持一致。基础设施硬件和软件的改善必须互相配合。交通基础设施项目都非常昂贵，如果不注意和其他外部经济政策保持一致，则很可能会发生浪费。例如，建设中国连接中亚的交通走廊项目与加入关税同盟后对这个主要贸易伙伴征收更高的进口关税就不是互补性的措施。建设欧亚大陆桥和跨区域管道都需要区域合作，否则如此昂贵的项目最后将可能沦落为"大白象"。从最根本上说，如果中亚希望参与到全球价值链这个 21 世纪全球经济最具活力的环节，国家必须大幅度提高营商便利度和国际交易的可预测性，降低交易成本，特别是在它们连接亚洲制造业中心的情况下（见栏目 5.1 对中亚发展重点的介绍）。

专栏 5.1　石油出口国和非石油出口国的发展重点

自然资源（如石油、天然气）丰裕的国家，往往依赖这些自然资源的出口作为国家收入的主要来源。由于自然资源有限，国家需要确保这些收入得到妥善的管理。此外，自然资源的贸易条件受到全球大宗商品市场价格的波动的影响，这给自然资源出口国的经济前景带来了一些不确定的因素。

在中亚，虽然石油和天然气出口经济体（哈萨克斯坦、土库曼斯坦、乌兹别克斯坦）和非石油出口经济体（吉尔吉斯共和国和塔吉克斯坦）在发展优先事项中有许多重叠之处，但是两者之间也有很大的差异。自然禀赋丰富既是福，也是挑战。

表 B5.1　石油出口国和非石油出口国的发展优先项

发展政策	石油出口国	非石油出口国
货币和财政管理	同非石油出口国，加上石油基金管理，外汇储备和主权财富基金的运用。	经常项目可兑换； 审慎的宏观政策； 贸易自由和世界贸易组织的成员； 征税和财政管理； 市场决定的弹性汇率。
竞争和公司治理	同非石油出口国，加上石油、天然气行业的技术转移激励。	投资友好型商业程序； 有关竞争和公司治理的法律法规； 为中小型企业提供信贷担保和支持； 对受结构改革影响行业的补贴措施； 行业和出口产品的多元化。
基础设施和交通	同非石油出口国，加上石油、天然气管道建设。	区域内公路、铁路和航空的整合； 通信、电力和交通的运营； 独立的、有效率的法规； 制定能源战略。

续表

发展政策	石油出口国	非石油出口国
银行业和资本市场	同非石油出口国，加上消除意外横财收入引发的金融泡沫的措施。	存款保险制度； 法律和法规； 私营养老基金； 金融部门的深化； 金融教育，家庭和小型企业更容易获得信贷。
社会改革	同非石油出口国，加上对资源采掘活动的环境保护。	医疗和教育支出； 农村地区的水供应和卫生系统； 减少贫困和不公平； 社会保障和社会安全网。
区域合作与一体化	同非石油出口国，加上能源安全合作。	海关体系和贸易便利化； 自由贸易协定。

来源：作者编译自 Asian Development Outlook (2014); Dowling and Wignaraja (2006)。

附录 1

中亚地区的统计数据

本节是对有关中亚国家与外部联系可用数据的概述。我们无意完全覆盖所有类型的经济和社会数据，而只是集中于贸易和投资数据，其他类型的数据将在后面简要讨论。

统计标准。所有中亚五国与国际货币基金组织保持着统计数据事务上的对话机制。哈萨克斯坦和吉尔吉斯共和国采用了国际货币基金组织的特殊数据发布标准（Special Data Dissemination Standard，SDDS），目的在于及时、全面地采集和发布经济和金融数据。塔吉克斯坦参与了国际货币基金组织的一般数据发布系统，这是一个数据质量改善框架，比特殊数据发布标准的要求稍低。土库曼斯坦和乌兹别克斯坦既没有参与到特殊数据发布标准，也没有参与到一般数据发布系统。

贸易数据[①]。不同国家贸易商品信息的标准来自联合国商品贸易统计数据库（UN COMTRADE）。此数据库包含按合作伙伴和商品分类的进口和出口的价值和实物量。不过，关于中亚的数据库有许多空白。只有哈萨克斯坦和吉尔吉斯共和国自 1995 以来向该数据库规范地报告数据。塔吉克斯坦只在 2000 年报告过一次，土库曼斯坦提供过从 1997 年到 2000 年的数据，乌兹别克斯坦从未报告过贸易数据。

哈萨克斯坦和吉尔吉斯共和国在联合国商品贸易统计数据库中的进出口数据也是不完整的。2010 年 7 月，当白俄罗斯联邦、哈萨克斯坦和俄罗斯联邦组建关税同盟时，所登记的与其他国家之间的贸易数据也存在着差异。

---

① 关于贸易数据的这个讨论来自 Mogilevskii（2012c）。

因此，哈萨克斯坦2010年的数据只能部分反映其与同盟中其他成员国的贸易状况。不过，该国的数据集从2011年以后再次变得完整起来。吉尔吉斯共和国的部分商品出口价值都是汇总之后报告给联合国商品贸易统计数据库，没有单独显示。

在哈萨克斯坦、吉尔吉斯共和国和塔吉克斯坦，几乎所有在联合国商品贸易统计数据库找不到的数据都可从国家统计局、海关的网站和出版物中找到。土库曼斯坦和乌兹别克斯坦只发布外贸流动的汇总数据。这些国家更详细的数据有时可在二手来源中获得，如本国作者的出版物。另一种来源是国际货币基金组织的贸易统计处（Direction of Trade Statistics，DOTS），它提供了几乎所有可能存在贸易往来的国家之间双边贸易总额的数据，但是没有以商品贸易结构为基础。

当缺乏官方贸易数据时，经常会从贸易伙伴提供的镜像统计数据寻找分类数据。这一信息来源在中亚地区经常不那么灵验。一些主要的出口项目，如土库曼斯坦和乌兹别克斯坦的天然气，或者吉尔吉斯共和国和乌兹别克斯坦的黄金，常常在进口国的报告中没有或者仅部分地呈现出来。此外，中亚国家的一些重要的贸易伙伴并未向联合国商品贸易统计数据库报告，如伊朗在2007~2009年间和2012年报告的数据就与中亚国家自己所报告的双边贸易数据不一致。

此外，许多来自中亚国家的贸易数据不准确且有失偏颇，这是因为登记系统较弱，或者特别进口税方案不要求准确报告进口价值（如在吉尔吉斯共和国），或所有中亚国家都存在广泛的进口逃税。由于这种广泛存在的逃税现象，中亚国家的出口数据（不像在世界其他地区）在大多数情况下与税收没有直接关联，因而比进口数据更可靠。贸易伙伴之间的数据差异强烈预示非正规的跨境贸易流动大量存在。

外国直接投资（FDI）数据。中亚国家的外国直接投资数据是碎片化的。国际数据库——世界银行的发展指标、国际货币基金组织的收支平衡统计数据库，以及联合国贸易与发展会议（UNCTAD）统计数据库——只提供全国层面的外国直接投资的流入量与流出总量的数据。《金融时报》的外国直接投资情报数据库提供了所有中亚五国的投资项目的详细数据，但它们与绿地投资有关，而且只从2003年开始统计。欧亚开发银行关于四个欧亚国家外国直接投资流出量的数据只提供了关于哈萨克斯坦大型投资项目的信息。哈萨克斯坦、吉尔吉斯共和国、塔吉克斯坦等国的统计部门和/或中央银行出版了外国直接投资的地理和行业机构的详细数据,绝大部分与国际上提供的数据一致。

其他经济和社会数据。在所有这些经济体中,非正规部门非常大,根据国家和估计方法不同,所预测的比重从20%到50%不等。因此,所有官方的国内生产总值(GDP)的数据需要谨慎对待,都被视为是最小的估计值。

非正规部门的规模对劳动力市场的统计也有一定的影响。非正规部门的就业非常广泛(特别是农业、零售业、消费服务业和建筑业),因此,预测的精度较低。从吉尔吉斯共和国、塔吉克斯坦和乌兹别克斯坦到俄罗斯联邦、哈萨克斯坦及其他一些国家的劳动移民的数量不详,往往是根据逸闻证据(anecdotal evidence)进行估测,不仅差异非常大,而且往往有夸大之嫌。在移民输出国,许多移民仍然被算作农业工人(根据他们的传统职业和永久生活的地方),而移民接受国(如哈萨克斯坦),来自周边国家的非正规移民工人也没有被统计到劳动力和就业数据中。

对移民汇款的估计也常常发生错误。这些估计的数据是根据俄罗斯联邦中央银行,假定俄罗斯联邦是主要的移民目的地和汇款的主要来源地,统计个人通过汇款机构进行的跨境转移,然后根据俄罗斯联邦以外的国家和其他渠道的转移进行一些调整。这些计算的假设往往是未知的,可能连带系统性的测量误差。例如,在吉尔吉斯共和国,来自俄罗斯联邦的个人转移的很大一部分可能并不是工人的汇款,而是出口商和转口商的收入。

哈萨克斯坦和吉尔吉斯共和国的失业数据较为可靠。它们根据国际劳工组织(ILO)对失业的定义,在家计调查中定期进行劳动力调查。其他三个国家既不接受国际劳工组织的定义,更不可能运用这个定义来统计数据。同样,基于全国性的家计调查的贫困测量系统在哈萨克斯坦和吉尔吉斯共和国应用得很好,塔吉克斯坦定期进行一个生活水准的测量调查,该方法来源于世界银行。这种调查曾在2003年被乌兹别克斯坦采用。

乌兹别克斯坦仍存在多个汇率系统。民间的美元汇率要比官方规定的汇率高出30%~40%。土库曼斯坦也存在类似的情况,直到2009年才对汇率进行了统一。这两个国家用美元计算的国内生产总值和其他非流通大部门的经济变量都是基于官方汇率的,因而可能会出现高估。处理中亚的数据时要多加注意。尽管如此,结合不同类型的数据,注意现有数据中的偏见和错误,对数据进行一致的、有意义的解读,进而理解这些经济体中的经济和社会趋势和模式,仍然是可能的。

表 A1.1 数据来源

主要变量	描述	来源
贸易总量	双边贸易流量的数据取自于联合国商品贸易统计数据库(UN Comtrade)和国际货币基金组织贸易统计处(DOTS)。贸易总量是中亚五国在1992~2012年期间的贸易产品(SITC2分类,1位数)的进出口价值总和,计价单位为美元。	联合国商品贸易统计数据库(UN Comtrade),国际货币基金组织贸易统计处(DOTS,IMF),经济学人智库(EIU)
进口	中亚国家的双边进口(SITC2分类,1位数),计价单位为美元。	联合国商品贸易统计数据库(UN Comtrade),经济学人智库(EIU)
出口	中亚国家的双边出口(SITC2分类,1位数),计价单位为美元。	联合国商品贸易统计数据库(UN Comtrade),经济学人智库(EIU)
净出口	出口减去进口的差额,本报告关注贸易的价值,因此选择净出口的净值,计价单位为美元。	联合国商品贸易统计数据库(UN Comtrade),经济学人智库(EIU)
贸易依赖	净出口与劳动力的比率,单位为百分比。	联合国商品贸易统计数据库(UN Comtrade),世界发展指标(WDI)
劳动力	每个国家的劳动力总量数据来自于世界发展指标,根据该指数与国际劳工组织的定义,劳动力总量是指在一个特定阶段(15岁以上)能够提供生产商品和劳务的经济活动人口,包括失业人口和首次寻找工作人口,但不包括非正规就业人口。该变量以人口的数量来体现。	世界发展指标(WDI)
国内生产总值(GDP)	来自佩恩表8.0(Penn World Tables 8.0),单位为美元。	佩恩表8.0(Penn World Tables),单位为美元
距离	双方首都的地理坐标距离,单位为千米。	CEPII's GeoDist Databases
共同边界	一个二进制变量,当进口方和出口方是拥有共同物理边界的邻国,则这个变量值为1,否则为0。	CEPII's GeoDist Databases
共同官方语言	一个二进制变量,当进口方和出口方的官方语言相同时,则这个变量值为1,否则为0。	CEPII's GeoDist Databases
共同种族语言群体	一个二进制变量,当讲一种语言的人口在两国内的比重达到90%以上,则这个变量值为1,否则为0。	CEPII's GeoDist Databases

续表

主要变量	描述	来源
聚集地	一个二进制变量,如果两个国家曾经有过聚集地联系,则这个变量值为1,否则为0。	CEPII's GeoDist Databases
共同聚集地	一个二进制变量,如果两个国家在1945年后有共同的聚集地,则这个变量值为1,否则为0。	CEPII's GeoDist Databases
创业成本	取自世界发展指标,利用占人均国民收入(GNI per capital)的百分比来进行衡量。	WDI
贸易便利性	根据以下指标的一个综合衡量:(i)跟踪和追踪货物的能力;(ii)物流服务能力与质量;(iii)安排有竞争力价格出货的难易度;(iv)海关通关效率;(v)在规定时间内或预期时间内货物到达收货人的频率;(vi)贸易和运输相关的基础设施的质量。该变量值介于1(最低)和9(最高)之间。	WDI
显性比较优势	一个国家某类商品的出口额占其总出口量的比例与同一种商品的世界出口量占世界总出口量的比例之间的比值。根据Rauch对商品集群的分类,RCA是根据Rauch的分类计算,计算RCA值的范围可以从0到∞。如果该值超过1,就表明该类产品具有显性比较优势。Rauch(1999)使用商品联合国国际贸易标准分类(SITC)4位数编码第2次修订标准,把商品分为三大类。这种分类方法根据交易机构设定的价格定义同质商品,而那些不在机构交易,但是具有基准价格的产品就根据参考价格进行定义。既不在机构交易,又没有参考价格的商品只能归到另类产品中。	作者计算
贸易密度	双边贸易占贸易伙伴的国内生产总值的比重。	作者计算
出口集中度	赫芬达尔-赫希曼指数(Herfindahl-Hirschman index)是计算联合国国际贸易标准分类1位数编码第2次修订标准的出口集中度。赫芬达尔—赫希曼指数被定义为所研究的国家中的各类出口所占总出口的平方和。指数范围在1和0之间,数值越高,意味着出口越集中在少数行业。	作者计算

SITC = Standard International Trade Classification,国际贸易标准分类。

表 A1.2 产品分类和经济体缩写

产品分类

0 食品和或动物

1 饮料和烟草

2 非食用类原材料(燃料除外)

3 矿物燃料,润滑油和相关材料

4 动物和植物油,脂肪和蜡

5 化学品及其他未特别定义的相关产品

6 根据材料划分的制成品

7 机械和运输设备

8 杂项制品

9 其他未定义的商品和交易

经济体缩写

阿富汗(AFG),阿尔巴尼亚(ALB),阿尔及利亚(DZA),美属萨摩亚(ASM),安道尔(AND),安哥拉(AGO),安圭拉岛(AIA),安提瓜和巴布达(ATG),阿根廷(ARG),亚美尼亚(ARM),阿鲁巴岛(ABW),澳大利亚(AUS),奥地利(AUT),阿塞拜疆(AZE),巴哈马(BHS),巴林(BHR),孟加拉国(BAN),巴巴多斯(BRB),白俄罗斯联邦(BLR),比利时(BEL),伯利兹(BLZ),贝宁(BEN),百慕大群岛(BMU),不丹(BHU),玻利维亚(BOL),博内尔岛,圣尤斯特歇斯和萨巴(BES),波斯尼亚和黑塞哥维那(BIH),博茨瓦纳(BWA),巴西(BRA),英属维尔京群岛(VGB),文莱达鲁萨兰国(BRU),保加利亚(BGR),布基纳法索(BFA),布隆迪(BDI),柬埔寨(CAM),喀麦隆(CMR),加拿大(CAN),佛得角(CPV),开曼群岛(CYM),中非共和国(CAF),乍得(TCD),智利(CHL),中华人民共和国(PRC),哥伦比亚(COL),科摩罗(COM),刚果(COG),库克群岛(COO),哥斯达黎加(CRI),科特迪瓦(CIV),克罗地亚(HRV),古巴(CUB),库拉索岛(CUW),塞浦路斯(CYP),捷克共和国(CZE),朝鲜民主主义人民共和国(PRK),刚果民主共和国(COD),丹麦(DEN),吉布提(DJI),多米尼克(DMA),多米尼加共和国(DOM),厄瓜多尔(ECU),埃及(EGY),萨尔瓦多(SLV),赤道几内亚(GNQ),厄立特里亚(ERI),爱沙尼亚(EST),埃塞俄比亚(ETH),法罗群岛(FRO),马尔维纳斯群岛(南大西洋)(即马尔纳斯群岛)(FLK),斐济(FIJ),芬兰(FIN),法国(FRA),法属圭亚那(GUF),法属玻利尼西亚(PYF),加蓬(GAB),冈比亚(GMB),格鲁吉亚(GEO),德国(GER),加纳(GHA),直布罗陀(GIB),希腊(GRC),格陵兰岛(GRL),格林纳达(GRD),瓜德罗普岛(GLP),关岛(GUM),危地马拉(GTM),根西岛(GGY),几内亚(GIN),几内亚比绍共和国(GNB),圭亚那(GUY),海地(HTI),梵蒂冈(VAT),洪都拉斯(HND),中国香港(HKG),匈牙利(HUN),冰岛(ISL),印度(IND),印度尼西亚(INO),伊朗(IRN),伊拉克(IRQ),爱尔兰(IRE),马恩岛(IMN),以色列(ISR),意大利(ITA),牙买加(JAM),日本(JPN),泽西岛(JEY),约旦(JOR),哈萨克斯坦(KAZ),肯尼亚(KEN),基里巴斯(KIR),科威特(KWT),吉尔吉斯共和国(KGZ),老挝人民民主共和国(LAO),拉脱维亚(LVA),黎巴嫩(LBN),莱索托(LSO),利比里亚(LBR),利比亚(LBY),列支敦士登(LIE),立陶宛(LTU),卢森堡(LUX),中国澳门(MAC),马达加斯加(MDG),马拉维(MWI),马来西亚(MAL),马尔代夫(MLD),马里(MLI),马耳他(MLT),马绍尔群岛(RMI),马提克岛(MTQ),毛里塔尼亚(MRT),毛里求斯(MUS),马约特岛(MYT),墨西哥(MEX),密克罗尼西亚(FSM),摩纳哥(MCO),蒙古国(MON),黑山共和国(MNE),蒙塞拉特岛(MSR),摩洛哥(MAR),莫桑比克(MOZ),缅甸(MYA),纳米比亚(NAM),瑙鲁(NAU),尼泊尔(NEP),荷兰(NET),新喀里多尼亚(NCL),新西兰(NZL),尼加拉瓜(NIC),尼日尔(NER),尼日利亚(NGA),纽埃岛(NIU),诺福克岛(NFK),北马里亚纳群岛(MNP),挪威(NOR),阿曼(OMN),巴基斯坦(PAK),帕劳群岛(PAL),巴拿马(PAN),巴布亚新几内亚(PNG),巴拉圭(PRY),秘鲁(PER),菲律宾(PHI),皮特克恩(PCN),

续表

波兰(POL),葡萄牙(POR),波多黎各(PRI),卡塔尔(QAT),韩国(KOR),摩尔多瓦(MDA),留尼汪(REU),罗马尼亚(ROU),俄罗斯联邦(RUS),卢旺达(RWA),圣赫勒拿岛(SHN),圣基茨和尼维斯(KNA),圣卢西亚(LCA),圣彼埃尔和密克隆岛(SPM),圣文森特和格林纳丁斯(VCT),圣巴塞洛缪(BLM),圣马丁(法属)(MAF),萨摩亚(SAM),圣马力诺(SMR),圣多美和普林西比(STP),沙特阿拉伯(SAU),塞内加尔(SEN),塞尔维亚(SRB),塞舌尔(SYC),塞拉利昂(SLE),新加坡(SIN),圣马丁岛(荷属)(SXM),斯洛伐克(SVK),斯洛文尼亚(SVN),所罗门群岛(SOL),索马里(SOM),南非(ZAF),南苏丹(SSD),西班牙(SAP),斯里兰卡(SRI),巴勒斯坦共和国(PSE),苏丹(SDN),苏里南(SUR),斯瓦尔巴群岛和扬马延岛(SJM),斯威士兰(SWZ),瑞典(SWE),瑞士(SWI),叙利亚(SYR),塔吉克斯坦(TAJ),泰国(THA),前南斯拉夫的马其顿共和国(MKD),东帝汶(TIM),多哥(TGO),托克劳群岛(TKL),汤加(TON),特立尼达和多巴哥(TTO),突尼斯(TUN),土耳其(TUR),土库曼斯坦(TKM),特克斯和凯科斯群岛(TCA),图瓦卢(TUV),乌干达(UGA),乌克兰(UKR),阿拉伯联合酋长国(ARE),英国(UKG),坦桑尼亚(TZA),美国(USA),美属维尔京群岛(VIR),乌拉圭(URY),乌兹别克斯坦(UZB),瓦努阿图(VAN),委内瑞拉(VEN),Viet Nam(VIE),瓦利斯和富图纳群岛(WLF),西撒哈拉(ESH),也门(YEM),赞比亚(ZMB),津巴布韦(ZWE)

表 A1.3 数据比较:国际来源和国家来源

单位:十亿美元

年份	贸易额 商品和服务	世界发展指标					国家统计				
		哈萨克斯坦	吉尔吉斯共和国	塔吉克斯坦	土库曼斯坦	乌兹别克斯坦	哈萨克斯坦	吉尔吉斯共和国	塔吉克斯坦	土库曼斯坦	乌兹别克斯坦
2000	出口	10.35	0.57	0.85	2.77	3.38	—	—	—	—	—
	进口	8.98	0.65	0.87	2.35	2.96	—	—	—	—	—
2001	出口	10.17	0.56	0.73	2.88	3.20	—	—	—	—	—
	进口	10.40	0.56	0.85	2.72	3.15	—	—	—	—	—
2002	出口	11.58	0.64	0.80	3.08	2.99	11.6	—	0.76	—	—
	进口	11.59	0.70	0.93	2.38	2.84	8.9	—	0.92	—	—
2003	出口	14.93	0.74	0.98	3.72	3.78	15	0.74	0.88	—	—
	进口	13.27	0.87	1.14	3.38	3.10	10.4	0.87	1.14	—	—
2004	出口	22.65	0.94	1.21	4.22	4.84	18.9	0.94	—	—	—
	进口	18.95	1.13	1.45	4.07	3.93	11.5	1.12	—	—	—
2005	出口	30.59	0.95	0.60	5.27	5.42	19.8	0.94	—	—	—
	进口	25.55	1.42	1.22	3.87	4.10	13.2	1.39	—	—	—
2006	出口	41.43	1.18	0.66	7.51	6.33	—	1.07	0.25	—	—
	进口	32.79	2.24	1.62	3.59	5.36	—	1.60	0.91	—	—
2007	出口	51.84	2.01	0.77	9.55	8.85	—	—	0.62	—	—
	进口	44.82	3.20	2.55	4.90	8.15	—	—	2.14	—	—

续表

年份	贸易额 商品和服务	世界发展指标 哈萨克斯坦	吉尔吉斯共和国	塔吉克斯坦	土库曼斯坦	乌兹别克斯坦	国家统计 哈萨克斯坦	吉尔吉斯共和国	塔吉克斯坦	土库曼斯坦	乌兹别克斯坦
2008	出口	76.40	2.75	0.86	12.35	12.17	—	3.03	—	—	12.15
	进口	49.56	4.76	3.70	7.78	11.40	—	4.74	—	—	11.39
2009	出口	48.48	2.57	0.75	15.08	11.68	48.2	2.69	—	—	11.53
	进口	39.00	3.69	2.71	9.15	11.70	39	3.68	—	—	11.69
2010	出口	65.14	2.47	0.99	17.23	12.45	65.7	3.90	—	—	12.45
	进口	42.93	3.92	2.96	10.04	11.22	44.3	4.61	—	—	11.21
2011	出口	92.88	3.38	1.13	21.84	15.00	92	—	—	—	15
	进口	51.82	5.06	3.68	12.73	14.17	51.7	—	—	—	14.16

来源：作者根据 International Monetary Fund Article IV Consultation Reports 所载的国家统计和 World Development Indicators 的国际统计中的有关数据计算得出。

表 A1.4　国家统计和镜像统计中的数据差异

国家	轻工业产品进口 4 位 HS 编码统计	报告者	2005	2010
哈萨克斯坦	哈萨克斯坦进口额（百万美元）	哈萨克斯坦	92	145
		中国	1956	4731
		差异率	21	33
	哈萨克斯坦进口数量（千吨）	哈萨克斯坦	62	50
		中国	122	391
		差异率	2	8
吉尔吉斯共和国	吉尔吉斯共和国进口额（百万美元）	吉尔吉斯共和国	21	195
		中国	563	3130
		差异率	26	16
	吉尔吉斯共和国进口数量（千吨）	吉尔吉斯共和国	53	205
		中国	57	378
		差异率	1	2
塔吉克斯坦	塔吉克斯坦进口额（百万美元）	塔吉克斯坦	—	—
		中国	29	837
		差异率	—	—
	塔吉克斯坦的进口数量（千吨）	塔吉克斯坦	—	—
		中国	14	10
		差异率	—	—

— = 无可用数据，HS = 协调商品名称与编码制度。

来源：Mogilevskii (2012c)，根据 UN Comtrade statistics 和哈萨克斯坦、吉尔吉斯共和国、塔吉克斯坦等国的统计机构数据。

附录 2

中亚国家的主要贸易伙伴

表 A2.1　哈萨克斯坦：贸易伙伴，2012（货物进出口总值在 1000 万美元以上的）

贸易伙伴	出口（百万美元）	贸易伙伴	进口（百万美元）
中国	16484	俄罗斯联邦	17110
意大利	15466	中国	7498
荷兰	7479	乌克兰	2923
俄罗斯联邦	6747	德国	2270
法国	5633	美国	2120
瑞士	4965	意大利	959
奥地利	4956	韩国	957
土耳其	3229	日本	905
加拿大	3080	乌兹别克斯坦	817
罗马尼亚	3034	土耳其	786
乌克兰	2549	白俄罗斯联邦	676
德国	1838	法国	584
英国	1695	英国	579
波兰	1632	波兰	470
以色列	1536	印度	336
乌兹别克斯坦	1344	吉尔吉斯共和国	333
日本	1146	巴西	298
葡萄牙	1020	荷兰	280
西班牙	768	奥地利	268

来源：作者根据 UN Comtrade statistics 计算。

主要出口商品（2012）

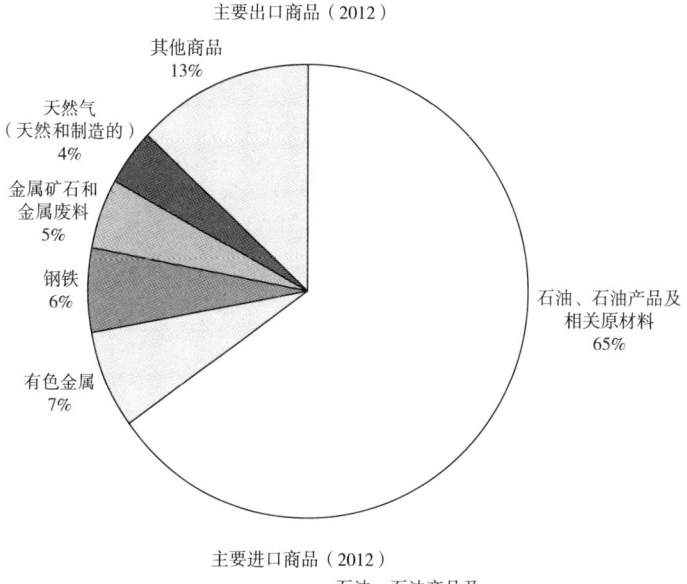

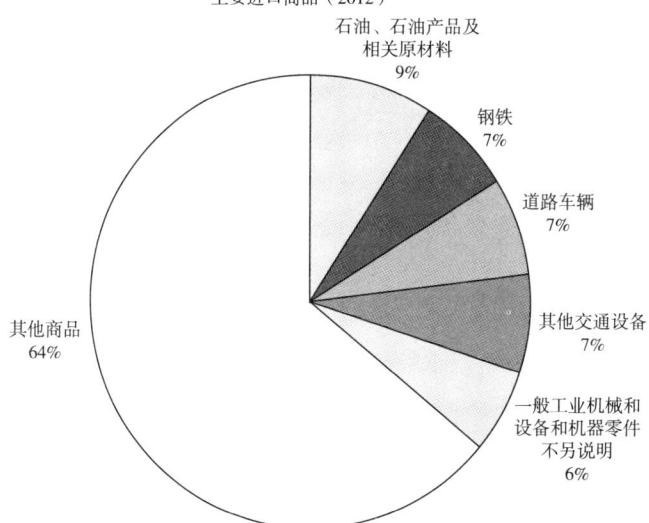

- 其他商品 13%
- 天然气（天然和制造的）4%
- 金属矿石和金属废料 5%
- 钢铁 6%
- 有色金属 7%
- 石油、石油产品及相关原材料 65%

主要进口商品（2012）

- 石油、石油产品及相关原材料 9%
- 钢铁 7%
- 道路车辆 7%
- 其他交通设备 7%
- 一般工业机械和设备和机器零件不另说明 6%
- 其他商品 64%

图 A2.1　哈萨克斯坦主要的出口和进口

注：根据最近的经济学人智库报告，主要出口是矿产（75.3%）、金属（13.1%）、化学品（3.8%）和食品产品（3.4%）。主要进口是机器设备（39.9%）、金属（12.7%）、矿产（12.5%）和化学品（10.6%）。

来源：作者根据 UN Comtrade statistics 计算。

表 A2.2　吉尔吉斯共和国：贸易伙伴，2012
（进出口货物的总值在 1000 万美元以上）

贸易伙伴	出口（百万美元）	贸易伙伴	进口（百万美元）
瑞士	548	俄罗斯联邦	1785
哈萨克斯坦	405	中国	1210
俄罗斯联邦	219	哈萨克斯坦	519
乌兹别克斯坦	190	美国	253
中国	61	日本	216
土耳其	50	德国	199
塔吉克斯坦	40	土耳其	179
阿富汗	26	白俄罗斯联邦	161
德国	16	乌克兰	140
阿拉伯联合酋长国	16	韩国	92
英属维尔京群岛	13	乌兹别克斯坦	63
比利时	13	荷兰	60
白俄罗斯联邦	11	波兰	36
		法国	34
		英国	32
		印度	30
		瑞典	28
		加拿大	28
		意大利	20

注：根据最近的经济学人智库统计，吉尔吉斯共和国的主要出口目的地是乌兹别克斯坦（12.7%）、俄罗斯联邦（9.7%）、哈萨克斯坦（11.1%）和中国（3.9%）。主要的进口来源地是俄罗斯联邦（29.3%）、中国（19.5%）、哈萨克斯坦（13.1%）和白俄罗斯联邦（4.7%）。

来源：作者根据 UN Comtrade statistics 计算。

主要出口商品（2012）

- 黄金，非货币（不包括黄金矿石和精矿） 33%
- 其他商品 35%
- 石油、石油产品及相关材料 7%
- 道路车辆 7%
- 蔬菜水果 9%
- 服装及服装辅料用品 9%

主要进口商品（2012）

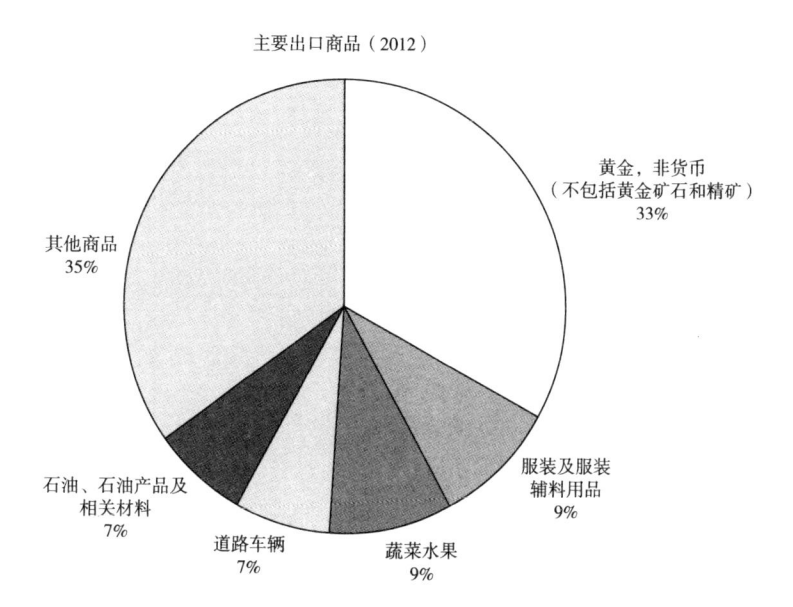

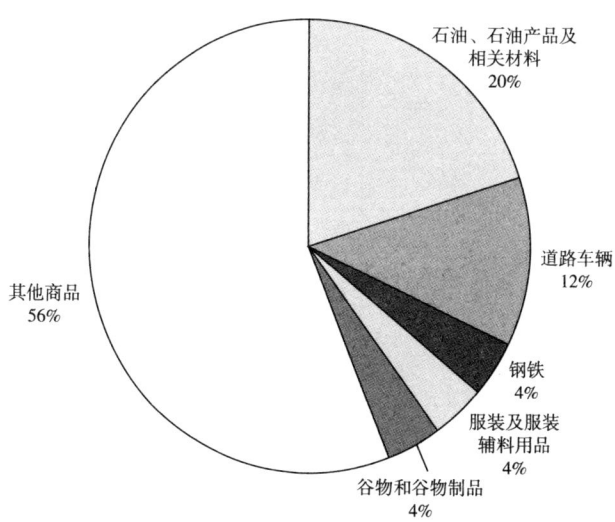

- 石油、石油产品及相关材料 20%
- 道路车辆 12%
- 钢铁 4%
- 服装及服装辅料用品 4%
- 谷物和谷物制品 4%
- 其他商品 56%

图 A2.2　吉尔吉斯共和国：主要的出口和进口

表 A2.3 塔吉克斯坦：贸易伙伴，2012

（进出口货物总值在 1000 万美元以上的）

贸易伙伴	出口（百万美元）	贸易伙伴	进口（百万美元）
土耳其	314	中国	1923
中国	99	俄罗斯联邦	738
伊朗	77	哈萨克斯坦	416
阿富汗	61	土耳其	258
孟加拉国	54	伊朗	197
哈萨克斯坦	46	土库曼斯坦	98
俄罗斯联邦	45	阿拉伯联合酋长国	85
意大利	33	乌兹别克斯坦	84
挪威	31	乌克兰	69
美国	25	立陶宛	67
希腊	22	美国	59
巴基斯坦	18	白俄罗斯联邦	53
荷兰	18	阿富汗	47
印度	15	韩国	42
乌克兰	12	德国	38
乌兹别克斯坦	10	阿塞拜疆	36
		印度	32
		波兰	23
		委内瑞拉	18
		意大利	18
		吉尔吉斯共和国	18
		拉脱维亚	12
		奥地利	12

注：根据经济学人智库的最新统计，主要的出口目的地是中国（37.4%）、土耳其（31.5%）、伊朗（5.0%）、阿富汗（4.4%）和哈萨克斯坦（1.7%）。主要的进口来源地是俄罗斯联邦（32.2%）、哈萨克斯坦（11%）、中国（9.0%）、伊朗（5.3%）和土耳其（2.3%）。

来源：作者根据国际货币基金组织贸易统计处有关数据计算。

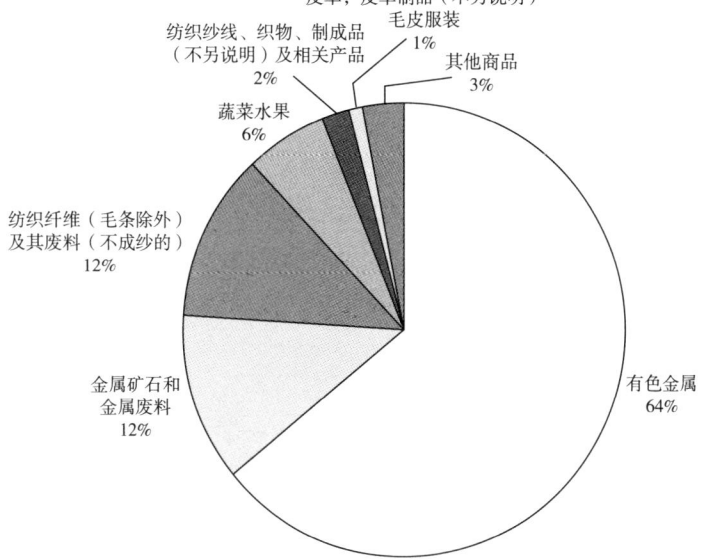

主要出口商品（2012）
- 皮革，皮革制品（不另说明）
- 毛皮服装 1%
- 纺织纱线、织物、制成品（不另说明）及相关产品 2%
- 其他商品 3%
- 蔬菜水果 6%
- 纺织纤维（毛条除外）及其废料（不成纱的）12%
- 金属矿石和金属废料 12%
- 有色金属 64%

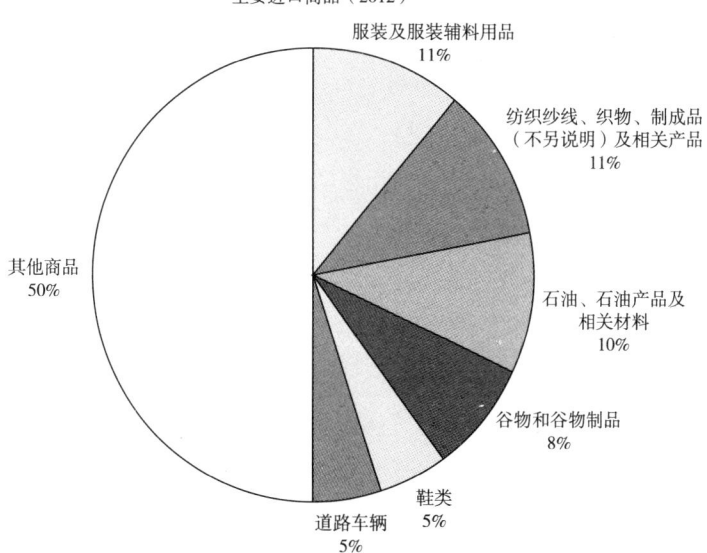

主要进口商品（2012）
- 服装及服装辅料用品 11%
- 纺织纱线、织物、制成品（不另说明）及相关产品 11%
- 石油、石油产品及相关材料 10%
- 谷物和谷物制品 8%
- 鞋类 5%
- 道路车辆 5%
- 其他商品 50%

图 A2.3 塔吉克斯坦：主要出口和进口

注：根据最新统计，主要出口是铝（61.5%）、棉纤维（16.7%）和电力（0.3%）。主要的进口是石油产品（16.3%）、氧化铝（12.0%）、电力（0.5%）和天然气（1.6%）。

来源：作者根据 UN Comtrade statistics 计算。

表 A2.4 土库曼斯坦：贸易伙伴，2012
（进出口货物总值在 1000 万美元以上的）

贸易伙伴	出口（百万美元）	贸易伙伴	进口（百万美元）
中国	7290	中国	1870
乌克兰	698	土耳其	1628
意大利	489	俄罗斯联邦	1209
阿拉伯联合酋长国	328	阿拉伯联合酋长国	658
土耳其	276	德国	448
阿富汗	251	英国	408
伊朗	219	伊朗	322
俄罗斯联邦	165	乌克兰	277
孟加拉国	155	白俄罗斯联邦	255
百慕大群岛	144	意大利	228
英国	105	法国	223
德国	89	韩国	213
塔吉克斯坦	89	乌兹别克斯坦	157
美国	86	哈萨克斯坦	148
哈萨克斯坦	64	日本	133
格鲁吉亚	53	荷兰	120
乌兹别克斯坦	37	美国	94
保加利亚	37	直布罗陀	94
阿尔巴尼亚	34	印度	77
瑞士	27	沙特阿拉伯	74
法国	24	阿塞拜疆	62
亚美尼亚	13	奥地利	60
埃及	12	加拿大	55

注：根据经济学人智库最新统计，主要的出口目的地是中国（9.2%）、阿拉伯联合酋长国（2.3%）、意大利（1.7%）和乌克兰（0.3%）。主要的进口来源地是土耳其（15.4%）、俄罗斯联邦（9.7%）、中国（7.1%）和阿拉伯联合酋长国（5.9%）。向伊朗和俄罗斯联邦的出口貌似被低估了。

来源：作者根据国际货币基金组织贸易统计处有关资料计算。

主要出口商品（2012）

人造树脂和塑料材料，
以及纤维素酯等
2%
纺织纱线、织物、制成品　　纺织纤维（毛条除外）
（不另说明）及相关产品　　及其废料（不成纱的） 服装及服装
3%　　　　　　　　　1%　　辅料用品
石油、石油产品及　　　　　　　　　　　　　　　0%
相关材料　　　　　　　　　　　　　其他商品
7%　　　　　　　　　　　　　　　　1%

天然气（天然和制造的）
86%

主要进口商品（2012）

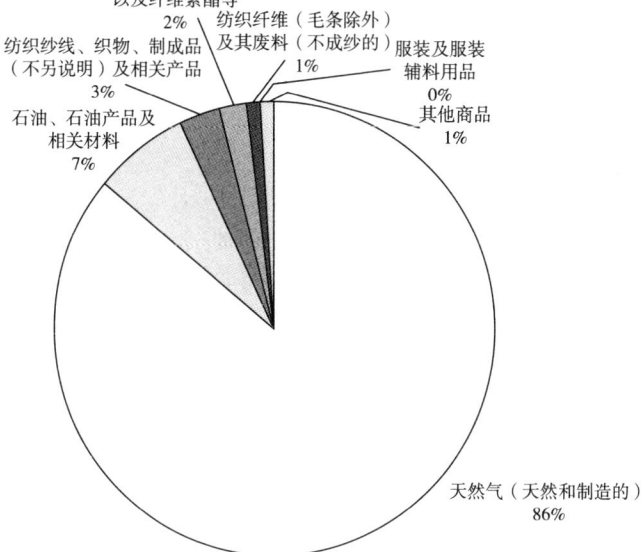

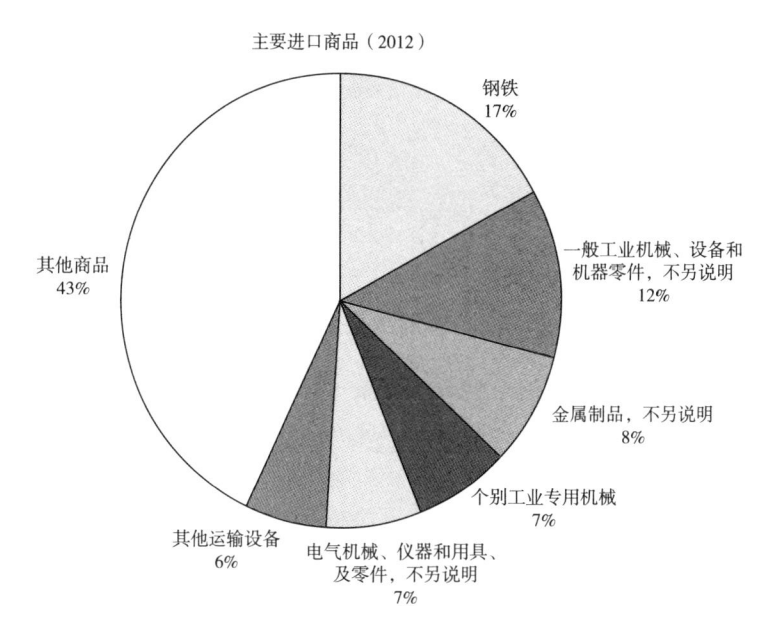

钢铁
17%

一般工业机械、设备和
机器零件，不另说明
12%

其他商品
43%

金属制品，不另说明
8%

个别工业专用机械
7%

其他运输设备　电气机械、仪器和用具、
6%　　　　　及零件，不另说明
7%

图 A2.4　土库曼斯坦：出口和进口

注：根据最新的经济学人智库的统计，主要的出口是天然气（57%）、原油及成品油（26%）、棉花纤维（3%）和纺织品（2%）。主要的进口是机械和设备（60%）和食品（15%）。

来源：作者根据 UN Comtrade statistics 计算。

表 A2.5　乌兹别克斯坦：贸易伙伴，2012

（进出口货物总值在 1000 万美元以上的）

贸易伙伴	出口（百万美元）	贸易伙伴	进口（百万美元）
中国	992	俄罗斯联邦	2457
土耳其	739	中国	1962
哈萨克斯坦	713	韩国	1943
俄罗斯联邦	689	哈萨克斯坦	1379
乌克兰	610	德国	544
孟加拉国	445	土耳其	495
吉尔吉斯共和国	189	乌克兰	406
土库曼斯坦	142	吉尔吉斯共和国	331
伊朗	122	美国	313
日本	96	意大利	154
塔吉克斯坦	76	波兰	124
英国	39	奥地利	123
韩国	39	印度	121
印度	31	日本	108
波兰	28	白俄罗斯联邦	104
白俄罗斯联邦	26	法国	94
美国	24	捷克	87
德国	14	瑞士	77
意大利	12	荷兰	74
阿塞拜疆	12	匈牙利	73
法国	11	英国	65
格鲁吉亚	11	马来西亚	64
埃及	11	立陶宛	52

注：根据经济学人智库的最新统计，主要的出口目的地是中国（18.5%）、哈萨克斯坦（14.6%）、土耳其（13.8%）、俄罗斯联邦（12.8%）、乌克兰（12.5%）和孟加拉国（8.9%）。主要的进口来源地是俄罗斯联邦（20.6%）、中国（16.5%）、韩国（16.3%）、哈萨克斯坦（12.8%）、德国（4.6%）和土耳其（4.2%）。

来源：作者根据国际货币基金组织的贸易统计处的数据计算。

附录2 中亚国家的主要贸易伙伴 | 101

主要出口商品（2012）

- 汽车 13%
- 钢铁 8%
- 一般工业机械、设备和机器零件，不另说明 7%
- 个别工业专用机械 7%
- 石油、石油产品和相关原材料 6%
- 医药产品 5%
- 其他产品 54%

主要进口商品（2012）

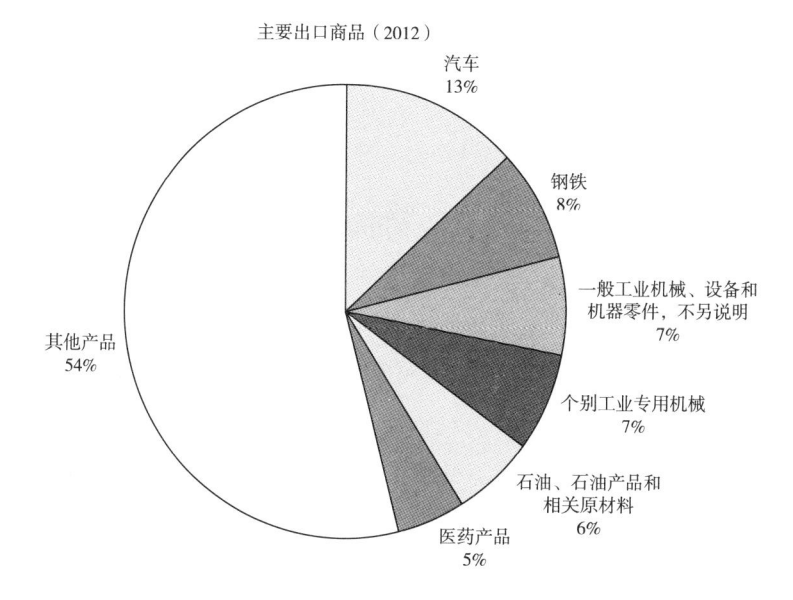

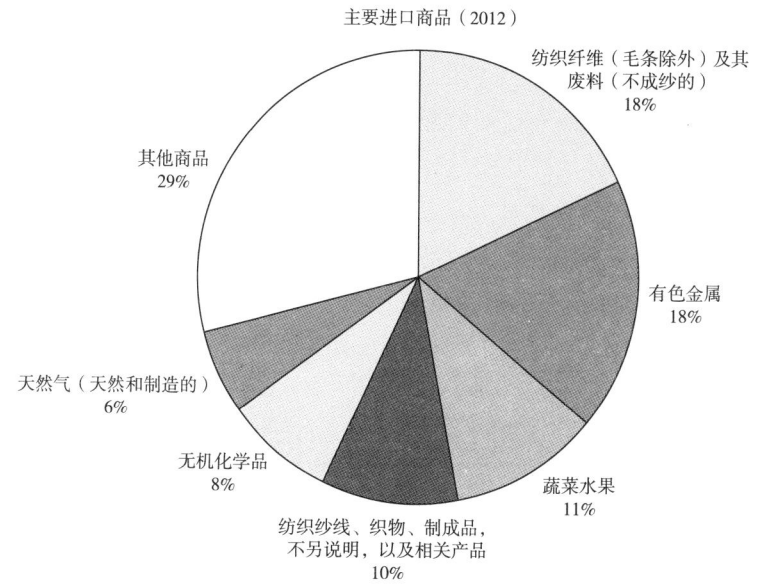

- 纺织纤维（毛条除外）及其废料（不成纱的）18%
- 有色金属 18%
- 蔬菜水果 11%
- 纺织纱线、织物、制成品，不另说明，以及相关产品 10%
- 无机化学品 8%
- 天然气（天然和制造的）6%
- 其他商品 29%

图 A2.5　乌兹别克斯坦：主要出口和进口

附录 3

定量估计：贸易重力模型

表 A3.1 报告是利用 2011 年的联合国国际贸易标准分类 4 位数编码第 2 次修订标准的数据（表 A1.1 和表 A1.2 提供的数据来源和行业名单），对贸易（出口、进口、贸易总额）、距离、经济规模与标准控制变量之间以及机构和文化关系（包括在内，但不报告）的回归估计。标准控制变量是指配对国家的国内生产总值。一个虚拟的配对国家具有共同的边境，使用同一种语言，具有同一聚集地联系。这个估计是参照 Helpman，Melitz 和 Rubinstein（2008），对欧亚贸易的类似估计可参见 Gill 等（2014：95），不过在他们的研究中没有要素禀赋、基础设施和贸易便利化等控件。对变量进行对数处理（除了虚拟变量）。回归方法采用普通最小二乘法，括号中 ***（**，*）是标准误差，对应统计显著性在 1%（5%、10%）。

表 A3.1 中亚地区的贸易引力估计

因变量 = log(双边贸易)	相关性(标准误差)	因变量 = log(双边贸易)	相关性(标准误差)
Log(距离)	−0.21 (0.131)	法制成本	1.52 (7.037)
Log(本国 GDP)	−5.903 (0.359)***	本国基础设施质量	9.843 (0.812)***
Log(目的地 GDP)	−0.656 (0.321)**	贸易便利化表现	−0.031 −0.073
Log(人均 GDP 差距)	−2.527 (0.183)***	对 ASEAN CLMV 贸易伙伴的虚拟	−4.162 (0.704)***

续表

因变量 = log(双边贸易)	相关性(标准误差)	因变量 = log(双边贸易)	相关性(标准误差)
虚拟的共同边境	−3.605 (0.318)***	对 ASEAN 的虚拟(除 CLMV 贸易伙伴)	0 (.)
虚拟的共同语言	−0.195 (0.142)	对南亚国家贸易伙伴的虚拟	−6.099 (0.290)***
虚拟的共同聚集地	−2.835 (0.231)***	对中亚贸易伙伴的虚拟	2.326 (0.235)***
Log[资本/劳动的差距]	38.045 (2.392)***	R − sq. 观测值	0.71 3056

ASEAN 东南亚国家联盟;CLMV = 柬埔寨、老挝、缅甸和越南;GDP = 国民生产总值。

参考文献

Abdih, Y., and L. Medina. 2013. Measuring the Informal Economy in the Caucasus and Central Asia. IMF Working Paper No. 13/137.

Agency on Statistics under President of the Republic of Tajikistan. http://www.stat.tj/en/ (accessed 3 January 2014).

Agency of Statistics of the Republic of Kazakhstan. http://www.stat.gov.kz/ (accessed 3 January 2014).

Asian Development Bank (ADB). 2006. *Central Asia: Increasing Gains from Trade through Regional Cooperation in Trade Policy, Transport and Customs Transit.* Manila: ADB.

Asian Development Bank. 2013a. *Asian Development Outlook (ADO): Asia's Energy Challenge.* Manila: ADB.

Asian Development Bank. 2013b. *CAREC Corridor Performance Monitoring and Measurement. Annual Report 2012.* Manila: ADB.

Asian Development Bank. 2013c. *Key Indicators for Asia and the Pacific 2013.* Manila: ADB.

Asian Development Bank. 2014. *Asian Development Outlook (ADO): Economic Trends and Prospects in Developing Asia - Central Asia.* Manila: ADB.

Barabasi, A.-L., R. Hausmann, C. A. Hidalgo, and B. Klinger. 2007. The Product Space Conditions the Development of Nations. *Science* 27(5837): 482–487.

Beck, S., S. Shinozaki, Q. Zhang, and E. Mangampat. 2013. Asian Development Bank Trade Finance Survey: Major Findings. ADB Briefs No. 11. Manila: ADB.

Berlemann, M., and J-E. Wesselhoft. 2012. Estimating Aggregate Capital Stocks Using the Perpetual Inventory Method – New Empirical Evidence for 103 Countries. Helmut Schmidt University Hamburg. Working Paper No. 125.

Bernard, A.B., S.J. Redding, and P.K. Schott. 2007. Comparative Advantage and Heterogeneous Firms. *Review of Economic Studies* 74: 31–66.

Birkman, L., M. Kaloshnika, M. Khan, U. Shavurov, and S. Smallhouse. 2012. *Textile and Apparel Cluster in Kyrgyz Republic*. Cambridge, MA: Harvard University Kennedy School and Harvard Business School. http://www.isc.hbs.edu/pdf/Student_Projects/2012%20MOC%20Papers/Kyrgyz Republic_Textile%20and%20Apparel%20Cluster_Final_May%204%202012.pdf (accessed 5 May 2014).

Böcking, D. 2013. Deutsch-Chinesische Güterstrecke: Moin, Moin, Weltwirtschaftslok. *Der Spiegel*, 2 August.

Bradsher, K. 2013. Hauling New Treasures along the Silk Road. *The New York Times*, 20 July.

Cadot, O., C. Carrère, and C. Grigoriou. 2006. *Landlockedness, Infrastructure and Trade in Central Asia*. Washington, DC: World Bank.

Central Asia Regional Economic Cooperation (CAREC). 2012. *Corridor Performance Measurement and Monitoring Annual Report 2012*. http://cfcfa.net/cpmm/cpmm-annual- and-quarterly-reports/2012-annual-report/ (accessed 15 November 2013).

Cohen, E. 1979. Rethinking the Sociology of Tourism. *Annals of Tourism Research* 6(1): 18–35.

Danzer, A., and O. Ivaschenko. 2010. Migration Patterns in a Remittances Dependent Economy: Evidence from Tajikistan during the Global Financial Crisis. *Migration Letters* 7(2): 190-202.

Djamankulov, N. 2011. SPS Regulations and Access of Kyrgyz Goods to the Customs Union. USAID Regional Trade Liberalization and Customs Project (USAID Contract No. 176-C-00-07-00011-08), Bishkek.

Doing Business. http://www.doingbusiness.org/ (accessed 3 January 2014).

Dowling, M., and G. Wignaraja. 2006a. Central Asia's Economy: Mapping Future Prospects to 2015. Silk Road Paper Series. Central Asia-Caucasus Institute, Silk Road Studies Program, Johns Hopkins University-SAIS.

Dowling, M., and G. Wignaraja. 2006b. Central Asia after Fifteen Years of Transition: Growth, Regional Cooperation, and Policy Choices. *Asia-Pacific Development Journal* 13(2): 113-144.

Dunning, J. 1993. *Multinational Enterprises and the Global Economy*. Reading, MA: Addison-Wesley.

Egert, B. 2013. Dutch Disease in the Post-Soviet Countries of Central and South-West Asia: How Contagious Is It? CESIFO Working Paper No. 4186.

Eurasian Development Bank. 2013. Monitoring of Direct Investments of Belarus, Kazakhstan, Russia and Ukraine in Eurasia. Centre for Integration Studies, Report No. 19.

European Bank for Reconstruction and Development (EBRD). 2012. *Regional Trade Integration and the Eurasian Economic Union, Transition Report 2012*. London: EBRD.

fDi Intelligence. 2013. *The fDi Report 2013: Global Greenfield Investment Trends*. The Financial Times Ltd.

Fujita, M., P. Krugman, and A.J. Venables. 1999. *The Spatial Economy: Cities, Regions, and International Trade*. London, UK: MIT Press.

Gill, I.S., I. Izvorski, W. van Eeghen, and D. De Rosa. 2014. *Diversified Development: Making the Most of Natural Resources in Eurasia*. Washington, DC: World Bank.

Government of the Kyrgyz Republic. 2013a. Export Development Strategy of Kyrgyz Republic. Draft (in Russian). http://www.mineconom.kg/images/files/trade/strategia.docx (accessed 14 June 2014).

Government of the Kyrgyz Republic. 2013b. Programme of Development of Textile and Sewing Production of the Kyrgyz Republic for 2013-2015.

Grafe, C., M. Raiser, and T. Sakatsume. 2008. Beyond Borders - Reconsidering Regional Trade in Central Asia. *Journal of Comparative Economics* 36(3): 453-466.

Grigoriou, C. 2007. Landlockedness, Infrastructure and Trade: New Estimates for Central Asian Countries. Policy Research Working Paper 4335. Washington, DC: World Bank.

Gunn, C. 1988. *Tourism Planning*, 2nd ed. New York: Taylor and Francis.

Hamilton, J.D. 2013. Oil Prices, Exhaustible Resources, and Economic Growth. In *Handbook of Energy and Climate Change*, edited by R. Fouquet. Glocs, UK: Edward Elgar.

Hanson, G.H., and C. Xiang. 2004. The Home-Market Effect and Bilateral Trade Patterns. *American Economic Review* 94: 1108-1129.

Helpman, E. 2011. *Understanding Global Trade*. Cambridge, MA: Harvard University Press.

Helpman, E., M. Melitz, and Y. Rubinstein. 2008. Estimating Trade Flows: Trading Partners and Trading Volumes. *Quarterly Journal of Economics* 123(2): 441-487.

Idrisov, G., and B. Taganov. 2013. Regional Trade Integration in the CIS Area. Munich Personal RePec Archive Paper No.50952. http://mpra.ub.uni-muenchen.de/50952/ (accessed 5 May 2014).

International Air Transport Association (IATA). 2014. Air Freight Market Analysis, February 2014. http://www.iata.org/whatwedo/Documents/economics/freight-analysis-feb-2014.pdf (accessed 14 June 2014).

International Labour Organization (ILO). 2010a. Migrant Remittances to Tajikistan. The Potential for Savings, Economic Investment and Existing Financial Products to Attract Remittances. Moscow: ILO.

International Labour Organization. 2010b. *Migration and Development in Tajikistan: Emigration, Return and Diaspora*. Moscow: ILO.

International Labour Organization. 2012. Skills for Trade and Economic Diversification in the Kyrgyz Garment Sector. Employment Report No. 19.

Inskeep, E. 1991. *Tourism Planning: An Integrated and Sustainable Development Approach*. New York: Van Nostrand Reinhold.

Kemme, D. 2012. Sovereign Wealth Fund Issues and the National Fund(s) of Kazakhstan. Working Paper 1036. Ann Arbor, MI: William Davidson Institute, University of Michigan.

Kosimova, L. 2014. Charo Todzhikon Rub A Mokhodzhirati Mekhnati Ovardaand? Muhochir Magazine, No. 04(44), 27 March. Migration Service of the Ministry of Labor, Migration and Employment of the Population of the Republic of Tajikistan.

Krugman, P. 1998. What Happened to Asia? Unpublished paper. http://web.mit.edu/krugman/www/DISINTER.html. (accessed 5 May 2014).

Kulipanova, E. 2012. International Transport in Central Asia: Understanding the Patterns of (Non-) Cooperation. University of Central Asia Institute of Public Policy and Administration. Working Paper No. 2.

Laruelle, M., and S. Peyrouse. 2012. Regional Organisations in Central Asia: Patterns of Interaction, Dilemmas of Efficiency. University of Central Asia Institute of Public Policy and Administration. Working Paper No. 10.

Leamer, E.E. 1987. Paths of Development in the Three-Factor, n-Good General Equilibrium Model. *Journal of Political Economy* 95(5): 961-999.

Leamer, E.E., and R.M. Stern. 2009. *Quantitative International Economics*. London, UK: Transaction Publishers.

Lee, H.Y., L.A. Ricci, and R. Rigobon. 2004. Once Again, Is Openness Good for Growth? *Journal of Development Economics* 75(2): 451–472.

Libman, A., and E. Vinokurov. 2012. *Holding-Together Regionalism: Twenty Years of Post-Soviet Integration*. Basingstoke, UK: Palgrave Macmillan.

Linn, J. 2004. *Economic (Dis)Integration Matters: The Soviet Collapse Revisited*. Washington, DC: Brookings Institution.

Marat, E. 2009. Labor Migration in Central Asia: Implications of the Global Economic Crisis. Silk Road Paper Series. Central Asia-Caucasus Institute, Silk Road Studies Program, Johns Hopkins University-SAIS.

Mogilevskii, R. 2012a. Customs Union of Belarus, Kazakhstan and Russia: Trade Creation and Trade Diversion in Central Asia in 2010-2011. University of Central Asia Institute of Public Policy and Administration. Working Paper No. 12.

Mogilevskii, R. 2012b. Re-export Activities in Kyrgyz Republic: Issues and Prospects. University of Central Asia Institute of Public Policy and Administration. Working Paper No. 9.

Mogilevskii, R. 2012c. Trends and Patterns in Foreign Trade of Central Asian Countries. University of Central Asia Institute of Public Policy and Administration. Working Paper No. 1.

National Bank of Kazakhstan. http://www.nationalbank.kz/?switch=eng (accessed 3 January 2014).

National Bank of the Kyrgyz Republic. http://www.nbkr.kg/ (accessed 3 January 2014).

National Statistical Committee of the Kyrgyz Republic. http://www.stat.kg/ (accessed 3 January 2014).

Olimova, S. 2010. The Impact of Labour Migration on Human Capital: The Case of Tajikistan. *Revue Européenne des Migrations Internationales* 26(3): 181-197.

Olimova, S. 2014. http://rus.ozodi.org/content/article/25329522.html.(accessed 28 April 2014).

Organisation for Economic Co-operation and Development (OECD). 2014. Expanding the Garment Industry in the Kyrgyz Republic. Policy Handbook. http://www.oecd.org/globalrelations/psd/ExpandingtheGarmentIndustry.pdf (accessed 14 June 2014).

Pomfret, R. 2001. *The Economics of Regional Trading Arrangements.* Oxford, UK: Oxford University Press.

Pomfret, R. 2009. Regional Integration in Central Asia. *Economic Change and Restructuring* 42(1-2): 47-68.

Raballand, G. 2003. Determinants of the Negative Impact of Being Landlocked on Trade: An Empirical Investigation through the Central Asian Case. *Comparative Economic Studies* 45(4): 520-36.

Rauch, J.E. 1999. Networks versus Markets in International Trade. *Journal of International Economics* 48(1): 7-35.

Romalis, J. 2004. Factor Proportions and the Structure of Commodity Trade. *American Economic Review* 94: 67-97.

Sabyrova, L. 2009. A Wedge Between Two Output Measures: What Does It Tell Us? RAKURS Center for Economic Analysis. Macroeconomic Notes, No. 1.2.

Schwabe, G., J. Novak, and M. Aggeler. 2008. Designing the Tourist Agency of the Future. Paper presented at the 21st Bled eConference, Bled, Slovenia, 15-18 June. https://domino.fov.uni-mb.si/proceedings.nsf/0/905026288c017bd0c1257 481003c7ce8/$file/04schwabe.pdf (retrieved June 2014).

Seetanah, B., T.D. Juwaheer, M.J. Lamport, S. Rojid, R.V. Sannassee, and U. Subadar Agathee. 2011. Does Infrastructure Matter in Tourism Development? *University of Mauritius Research Journal* 17(1): 89-108.

Shepotylo, O., and D. Tarr. 2012. Impact of WTO Accession and the Customs Union on the Bound and Applied Tariff Rates of the Russian Federation. Policy Research Working Paper 6161. Washington, DC: World Bank.

SIAR Research & Consulting. 2011. *Status and Prospects of the Kyrgyz Garment Sewing Industry.* Bishkek: USAID.

Smeral, E. 1993. Aspects to Justify Public Tourism Promotion: An Economic Perspective. *Tourism Review* 61(3): 6-14.

State Committee of the Republic of Uzbekistan on Statistics. http://www.stat.uz/en/index.php (accessed 3 January 2014).

Summers, T. 2013. Still "Going West"? *East Asia Forum Quarterly* 5(3): 25-26.

Umarov, K. 2010. Tajik Labor Migration during the Global Economic Crisis: Causes and Consequences. Research report. Dushanbe: ILO.

United Nations Conference on Trade and Development (UNCTAD). 2013. *World Investment Report 2013: Global Value Chains: Investment and Trade for Development.* Geneva: United Nations.

UNCTADstat. http://unctadstat.unctad.org/ReportFolders/reportFolders.aspx?sCS_referer=&sCS_ChosenLang=en (accessed 3 January 2014).

United Nations Development Programme (UNDP). 2005. *Central Asia Human Development Report: Bringing Down Barriers: Regional Cooperation for Human Development and Human Security.* Bratislava, Slovakia: UNDP.

United Nations World Tourism Organization (UNWTO). 2014. International Tourism Generates US$1.4 Trillion in Export Earnings. *UNWTO World Tourism Barometer.* Volume 12, April.

United States Agency for International Development (USAID) Local Development Program. 2011. Assessment of the Textile Sector in Kyrgyz Republic. http://ldp.kg/wp-content/uploads/2012/07/Textile-Sector-Assessment-2011.pdf (accessed 14 June 2014).

World Bank. World Development Indicators. http://databank.worldbank.org/data/home.aspx (accessed 3 January 2014).

World Economic Forum. 2013. *Global Competitiveness Report 2013-2014*, Full Data Edition. Geneva: World Economic Forum.

World Trade Organization. 2013. Trade Policy Review: Kyrgyz Republic. Report by the Secretariat, WT/TPR/S/288, 1 October. http://www.wto.org/english/tratop_e/tpr_e/s288_e.pdf (accessed 5 May 2014).

Z/Yen Group. 2014. The Global Financial Centres Index 15. http://www.longfinance.net/images/GFCI15_15March2014.pdf (accessed 14 June 2014).

关于亚洲开发银行研究院

亚洲开发银行研究院（The Asian Development Bank Institute，ADBI），位于东京，是亚洲开发银行的智库，任务是在亚洲开发银行的发展中成员国中制定有效的发展战略，完善发展管理。研究院与亚太地区和全球的合作伙伴之间建立了广泛的网络。研究院的活动与亚洲开发银行的战略重点高度一致，包括减贫和包容性的经济增长、环境、区域合作和一体化、基础设施建设、中等收入国家和私人部门的发展和运营。

Asian Development Bank Institute

Kasumigaseki Building 8F

3－2－5 Kasumigaseki，Chiyoda－ku

Tokyo 100－6008

Japan

Tel：+813 3593 5500

adbipubs@ adbi. org

图书在版编目(CIP)数据

中亚：对接世界主要经济中心/亚洲开发银行研究院著；唐俊译. --北京：社会科学文献出版社，2016.11

（亚洲研究丛书）

书名原文：Connecting Central Asia with Economic Centers

ISBN 978 - 7 - 5097 - 9811 - 9

Ⅰ.①中… Ⅱ.①亚… ②唐… Ⅲ.①经济 - 研究报告 - 中亚 Ⅳ.①F136

中国版本图书馆CIP数据核字（2016）第245724号

亚洲研究丛书
中亚：对接世界主要经济中心

著　　者／亚洲开发银行研究院
译　　者／唐　俊

出 版 人／谢寿光
项目统筹／祝得彬
责任编辑／刘　娟

出　　版／社会科学文献出版社·当代世界出版分社（010）59367004
　　　　　地址：北京市北三环中路甲29号院华龙大厦　邮编：100029
　　　　　网址：www.ssap.com.cn
发　　行／市场营销中心（010）59367081　59367018
印　　装／北京季蜂印刷有限公司
规　　格／开　本：787mm×1092mm　1/16
　　　　　印　张：8.75　字　数：149千字
版　　次／2016年11月第1版　2016年11月第1次印刷
书　　号／ISBN 978 - 7 - 5097 - 9811 - 9
著作权合同
登 记 号／图字01 - 2015 - 6234号
定　　价／48.00元

本书如有印装质量问题，请与读者服务中心（010 - 59367028）联系

▲ 版权所有 翻印必究